# 来た！見た！震えた！まだ見ぬ世界が韓国にある

（上）全長 3.23 キロメートルの木浦海上ケーブルカー＊（中右）ユネスコ無形文化遺産に登録された安東仮面劇＊（中左）海に直接落下する大迫力の済州島の正房瀑布＊（下右）英祖誕生秘話がある大邱の把渓寺＊（下左）善徳女王の時代に築造された東洋最古の天文台遺跡である慶州の瞻星台＊

［口絵写真撮影者］＊は小暮真琴、☆は康熙奉、△は井上孝

# ロケ地を訪れると
# ドラマの感動が蘇る

（上）『冬のソナタ』で有名になった南怡島の並木道☆（中右）『ウ・ヨンウ弁護士は天才肌』で主人公ヨンウの父が営む店「ウ・ヨンウキンパ」＊（中左）『椿の花咲く頃』で主人公ドンベクが営む店「カメリア」＊（下右）『愛の不時着』『ヴィンチェンツォ』に登場した七層石塔がある忠州中央塔史跡公園＊

（下左）韓国時代劇でよく使われる昌徳宮の秘苑☆

# あの名場面は
# ここで誕生した！

（上）『春のワルツ』を象徴する青山島の菜の花畑☆（中右）『トッケビ〜君がくれた愛しい日々〜』に登場した仁川のカフェ＊（中左）『太陽の末裔 Love Under The Sun』のロケ地の旌善三炭アートマイン＊（下右）『夏の香り』に登場した宝城の茶畑＊（下左）『シュルプ』『赤い袖先』をはじめ数多くの歴史ドラマに登場する全州郷校＊

# この味、
# 生きていて
# 本当に良かった！

（右上）テーブルを埋めつくすほど料理が並ぶ全州韓定食＊（左上）食事の途中で何回も「乾杯！」するのが韓国スタイル＊（左中）智異山の高原で育てた黒豚は脂身の甘さと濃厚な味が魅力＊（左下）波のように並べられた南塘里の新鮮なトリガイをしゃぶしゃぶで食す＊

（右下）ソウルに来たときは韓国料理を代表する宮廷料理をぜひ食べてみたい△

# 韓国各地に「隠れた美味」がたくさんある

（上）市場の賑わいを見るのも韓国旅行の醍醐味△（中右）束草で水揚げされた鮮度抜群の海の幸が盛られた贅沢なムルフェ＊（中左）大邱の特産品である蓮根を使ったプルコギ＊（下右）サボテンで色付けした麺も入っている済州島の海鮮鍋＊（下左）江華島の清流で育ったモクズガニの醤油漬け定食＊

# 息を呑むほど美しい風景が待っていた

（上）珍島の海割れは干潮時に沖合の茅島まで長さ2.8キロメートル、幅40メートルの道ができる＊（中右）南漢江に浮かぶ丹陽の嶋潭三峰は、凛々しい将軍峰を中心に妾峰と妻峰が寄り添うように浮かんでいる＊（中左）新羅の文武王が龍になり昇天したとの伝説がある蔚山の大王岩＊（下右）春の慶州ではいたるところで桜の花を愛でることができる＊

# 何度でも 行きたい！ 忘れられない 名所の数々

（上）雪の綿帽子を被った全州韓屋村＊（中右）雄峰と雌峰から成る馬耳山はパワースポットと言われている＊（中左）済州島のウェドルゲ海岸はダイナミックな奇岩で有名☆（下右上）朝鮮王朝時代に迎賓館としても使われた景福宮の慶会楼△（下右下）『冬のソナタ』の印象的な場面で登場した湫岩海岸☆（下左）白岩山の峰を背景に白羊寺の楼閣が池に映る姿が美しい＊

# 歴史と伝統に触れ
# 悠久の時間を体感

（上）Ｓ字カーブを描く洛東江の畔にある安東河回村＊（中右）景福宮にある玉座△（中左）伝統製法で造る醤類の甕が並ぶ世宗のティウンバッコウル＊（下右）地方に残る伝統的な儀式が再現されている△（下左上）400年の歴史がある大邱のオッコル村で伝統韓服体験＊（下左下）韓国三宝寺刹のひとつである梁山の通度寺＊

# 韓国ひとめぼれ感動旅

## 韓流ロケ地&ご当地グルメ紀行

小暮真琴 Kogure Makoto
康熙奉 Kang Hibong

双葉社

CONTENTS

口絵写真 1　韓国MAP 12　ソウルMAP 13

はじめに――小暮真琴 14

## 第1章｜真っ先に訪ねたい「ロケ地の旅」

1〔昌原〕ドラマで一躍注目を浴びた樹齢500年の榎の木 18
2〔全州〕伝統韓屋が軒を連ねる美食の街には独自の酒文化がある 22
3〔南怡島〕『冬のソナタ』の大ブームを牽引した美しき聖地 29
4〔浦項・九龍浦〕日本にゆかりのある港町で歴史を学びロケ地を巡る 33
5〔浦項・月浦〕ドラマを盛り立てた美しい海と鮮度抜群のシーフード 39
6〔湫岩海岸〕美しい海から岩場が突き出ている景観が圧巻！ 43
7〔束草〕『秋の童話』の舞台、アバイ村のハルモニと心がひとつに！ 48
8〔木浦・西山洞〕映画やドラマのロケ地として一躍有名になった西山洞を歩く 52

## 第2章｜超ワクワクの「人情とグルメ」に感服！

1〔全州〕姉妹の契りを交わしたオンニとの出会い 58
2〔統営〕海に浮かぶ島々と鮮魚グルメを楽しめる「東洋のナポリ」 62
3〔全羅南道〕心に染みる思い出のタクシードライバー 66
4〔瑞山〕仏教伝来の道で百済の微笑みと対面し、稀少な郷土料理に舌鼓 71
5〔鉄道旅行〕食堂車の喧騒はまさに人生の賑やかな瞬間！ 75
6〔高城〕北方の伝統村と並んででも食べたい最高の味 80
7〔清州〕文化財の宝庫！　海なしエリアの歴史と独自グルメを満喫 84
8〔出会った人々〕この楽しみがあるから韓国の旅はとても面白い！ 89

## 第3章｜夢にまで見た「島の旅」を堪能する

1〔鬱陵島〕手つかずの自然美と島民の温かさを実感！ 96
2〔青山島〕青々とした麦畑を囲むカラフルな民家がとても印象的！ 101
3〔黒山島〕私を救ってくれた天使との出会い 106
4〔江華島〕歴史が刻まれた島を徒歩で回ればハードルが低い 110
5〔済州島・正房瀑布〕水が海に直接落ちていく景観にウットリする 114
6〔珍島〕「三つのことを自慢するな」と言われる理由がとても面白い 119
7〔済州島・城山〕春の花に包まれ海の幸を楽しむ国内日帰りの島旅 124
8〔喬桐島〕北までわずか2.6キロ！　近くて遠い失郷民が暮らす島 128
9〔済州島・恋北亭〕北の方向を見つめる人たちの情念が迫ってくる 132

## 第4章｜変化が激しい「大都会のときめき」に酔いしれる

1〔釜山・海雲台〕海岸の新スポットで台風に打ち勝った奇跡の体験　138
2〔大邱〕大都会の喧騒を忘れふたつの伝統村で朝鮮王朝時代にタイムスリップ　142
3〔ソウル・仁寺洞〕「アートの街」の裏通りを歩くととてつもなく面白い　149
4〔ソウル・西大門〕気象の歴史と街の歴史を学べるふたつの博物館　154
5〔仁川〕開港により急速に近代的国際都市へと変化した街　158
6〔釜山・人情酒場〕閉店が惜しまれる！　常連客との交流の思い出酒場　166
7〔水原〕ドラマロケ地からおしゃれカフェまで、水原華城だけではない魅力の街　170
8〔ソウル・世宗路〕教保文庫で歴史書を買い漁った日々が懐かしい　174
9〔ソウル・龍山〕最大規模の鉄道官舎村が形成された街　178

## 第5章｜韓国時代劇がますます見たくなる「歴史と伝統」

1〔ソウル・景福宮〕正門となる光化門が向いている方角が歴史を作った！　184
2〔ソウル・昌徳宮〕『赤い袖先』『シュルプ』のロケ地となった王宮の花園　188
3〔ソウル・徳寿宮〕「悲運の王妃」の怨念がこもった王宮を散策すると感慨が深い　193
4〔扶余〕ソウルからの日帰りも可能、百済第3の都を徒歩で回る　198
5〔慶州〕古都には神秘的で悠久の時間が佇んでいる　202
6〔木浦〕開港場に残る日本人居留地跡を訪ね、港町グルメに舌鼓　207
7〔ソウル・三田渡〕石碑がたどった運命こそがまさに過酷な歴史だ　213
8〔益山〕日本統治時代の面影を訪ねて「文化芸術通り」を歩く　217
9〔順天〕かつて鉄道官舎村だった日本家屋で暮らす人々　222
10〔友鹿里〕堪能した野趣たっぷりのマッコリと蒸し鶏が忘れられない　227

## 第6章｜あこがれの「情緒あふれる町」を歩いてみたい

1〔河回村〕長い時空を超えてきた神秘的な村で悠久の時間を過ごす　232
2〔江原特別自治道〕東海岸で海と共存できる観光スポット　235
3〔宝城〕広大な茶畑もあればハイガイが獲れる漁港もある　241
4〔鎮海〕軍港都市に咲く36万本の桜は圧巻！　246
5〔木浦・儒達山〕360度見渡せる頂上からの絶景で身も心も浮き上がる　250
6〔報恩〕ナツメの里で歴史と自然を体感できる早朝トレッキング　253
7〔大邱・軍威〕自然豊かでゆっくりと時が流れる映画さながらの世界　257
8〔酒場巡り〕屋台の賑わいには「この世の春」を思わせるほどの高揚感がある　261

COLUMN ノムチョアヨ！ 韓ドラ旅〈1〉56 〈2〉182 〈3〉267
あとがきにかえて——小暮真琴＋康 熙奉「韓国ひとめぼれ」対談　268

## 韓国MAP

朝鮮民主主義人民共和国
高城
束草
喬桐島
江華島
京畿道
南怡島
江原特別自治道
ソウル
仁川
淑岩海岸
鬱陵島
水原
忠清北道
瑞山
清州
世宗
慶尚北道
忠清南道
報恩
河回村
大田
扶余
浦項・月浦
黄海
益山
大韓民国
軍威
浦項・九龍浦
全州
大邱
海印寺
友鹿里
慶州
全羅北道
蔚山
慶尚南道
昌原
海雲台
光州
鎮海
釜山
全羅南道
順天
木浦
宝城
統営
黒山島
珍島
青山島
恋北亭
城山
済州特別自治道
済州島
正房瀑布
日本
N
100km

## ソウルMAP

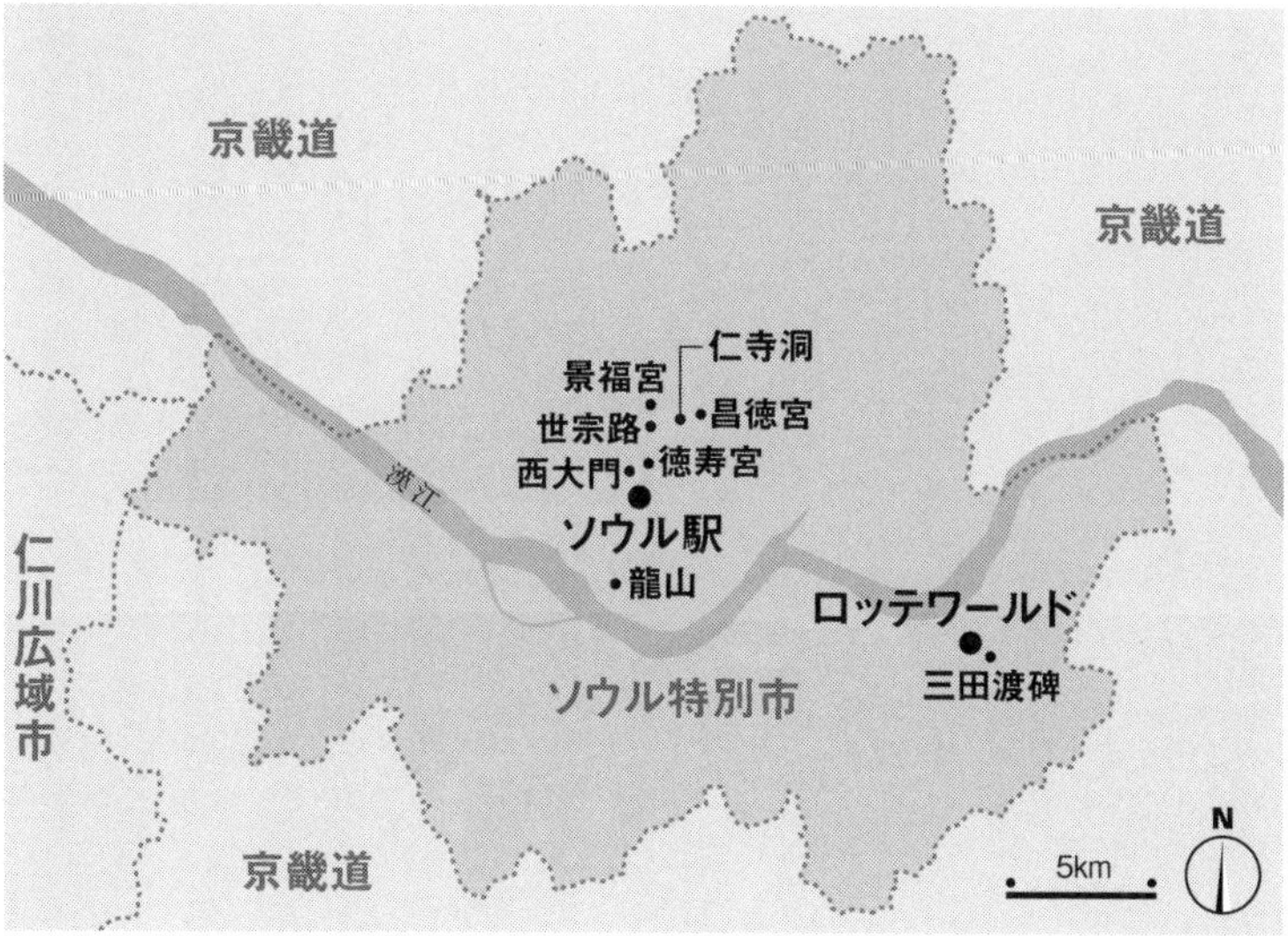
京畿道
京畿道
京畿道
仁川広域市
漢江
仁寺洞
景福宮
世宗路
昌徳宮
西大門
徳寿宮
ソウル駅
龍山
ロッテワールド
三田渡碑
ソウル特別市
N
5km

# はじめに――小暮真琴

気がつけば、200回以上も韓国を訪問している。

ここまで回数が増えた理由は、韓国で出会った人々の「情の深さ」に魅せられたからだ。

私が韓国の地方に興味を持ったきっかけは、2009年4月にソウルから日帰りで全羅北道《チョルラプクト》の全《チョン》州《ジュ》を訪ねたことだった。その1か月ほど前から見始めた『あんぱん』というドラマが、主に全州で撮影されていることを知り、約700軒の伝統家屋が軒を連ねる全州韓屋村《ハノンマウル》に強く惹かれた。

タクシーに乗り「『あんぱん』のロケ地を見たくて全州に来た」と告げると、日本人を初めて乗せたというドライバーは大変驚いていた。持参したロケ地の写真を見せたところ、ドライバーは「合点承知」とばかりに次々と写真の場所へ連れて行ってくれ、無事にロケ地訪問の夢を叶えることができた。

タクシー下車後、全州韓屋村にある観光案内所で見所や美味しい店を尋ねた。日本語通訳ガイドの男性がてきぱきと質問に答えてくれたり、全州名物のコンナムル（豆もやし）クッパの食堂まで連れて行ってくれたりした。

食堂の店主は、初めて食べるコンナムルクッパの食べ方を手取り足取り教えてくれ、私が尋ねる前からトイレの場所まで案内してくれた。

その後、全州ならではの酒文化を楽しもうと、マッコリ横丁へ足を延ばした。店主が温かく迎え入れてくれた酒場で、隣席の常連客が話しかけてくれたのが嬉しかった。1人では飲みきれないやかん入りのマッコリをお裾分けしながら、楽しいひとときを過ごした。

ソウルや釜山《プサン》といった大都市とは異なる伝統的な風景、その土地ならではの食文化はとても魅力的だった。地方まで足を延ばす外国人が少ない時代だったからだろうか。初めて訪問した全州で出会った人々は、みな親切でその優しさが心に染みた。

まさに「全州にひとめぼれ!」。

それからも足繁く全州に通い、そこを拠点に全羅北道の6市8郡を踏破した。

その後は他の地方へも関心が高まり、いろいろなエリアに足を延ばすようになった。言葉の不安がある分、アクセス方法、観光地や食堂の情報など、念入りな下調べをすることでその不安を補った。ハードルが高い旅を無事に終えるたびに大きな達成感を得られた。

韓国全土の地図を広げて訪問済みの都市名を丸印で囲んでいったが、徐々に丸印が増えていくことに喜びを覚えた。そして、韓国にある全自治体162市郡を踏破したいという夢を持つようになった。

いずれの旅でも韓国の人々の優しさに触れ、温かさに助けられてきた。

たとえば、江原道《カンウォンド》(当時)の洪川《ホンチョン》のレストランに山菜料理を食べに行ったときのこと。素材の味を生かした料理の美味しさに感動したことを伝えたところ、女性店主が「我が家の山菜畑を見てほしい」と、車で自家菜園まで連れて行ってくれた。

慶尚北道《キョンサンブクト》の青松《チョンソン》では、行楽シーズン特有の交通渋滞のためバスが観光地まで来てくれず、どうやって帰ろうかと途方に暮れた。リンゴを収穫中のハラボジ（おじいさん）を見かけて相談したところ、自分のトラックで最寄りのバス停まで送ってくれた。

シラウオの水揚げで有名な忠清南道《チュンチョンナムド》の唐津《タンジン》にある長古項《チャンコハン》という港町に出かけたとき。市場内の食堂で鮮度抜群のシラウオの稚魚の刺身とスープを堪能していると、店主が「遠く日本から来てくれたので差し上げますよ」と、タタミイワシならぬタタミシラウオをプレゼントしてくれた。

２０１８年10月に１６２市郡の最後に訪問したのが江原道（当時）の横城《フェンソン》だった。郡のトップである郡守が、貴重な時間を割いて私の訪問を歓迎、面談してくださったことは大変有難く良い思い出となった。

このように、韓国の人々の「情の深さ」により韓国愛が強まっていった。

本書は、「韓国の人々の優しさをはじめとした、韓国のすばらしさを読者の方々と共有したい」という、私の韓国愛を込めた1冊となっている。

# 第1章

# 真っ先に訪ねたい「ロケ地の旅」

# 1 昌原

## ドラマで一躍注目を浴びた樹齢500年の榎の木

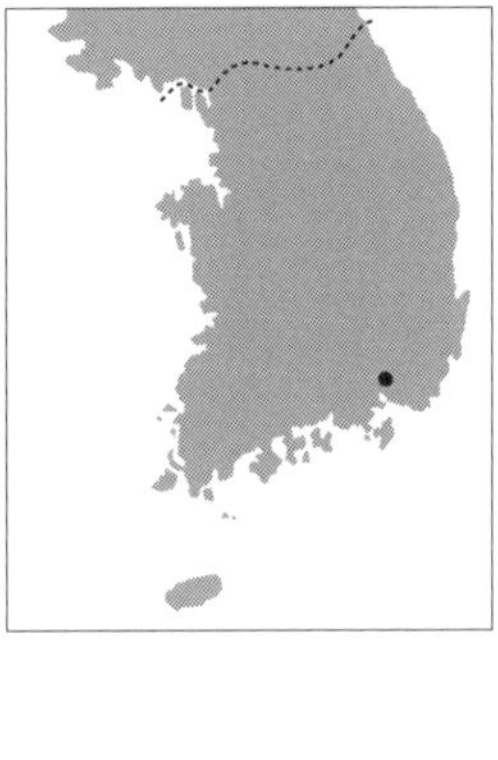

### ◉パク・ウンビン主演の話題作

韓国ドラマ『ウ・ヨンウ弁護士は天才肌』は、『ストーブリーグ』や『恋慕』にも出演しているパク・ウンビンが、自閉スペクトラム症の天才弁護士を魅力的に熱演して大ヒットした。

事件解決の糸口を見つけるたびにヨンウの分身ともいえるクジラが、画面いっぱいに飛び跳ねるという演出が面白い。

「苦手な回転ドアをズンチャッチャのリズムで克服」、「回文の単語の羅列からの自己紹介（前から読んでも後ろから読んでもウ・ヨンウ）」、「食事はキンパしか食べない」など彼女のユニークな個性が、とてもチャーミングに描かれている。

いつも彼女を見守ってくれる弁護士事務所の職員イ・ジュノ（カン・テオ）とシニア弁護士のチョン・ミョンソク（カン・ギヨン）、男手ひとつでヨンウを育てた父（チョン・ベス）など、脇を固める俳優たちも愛おしい。

『ウ・ヨンウ弁護士は天才肌』は、特に第7話と第8話のエピソードが秀逸だ。ソウルと新都市を

『ウ・ヨンウ弁護士は天才肌』に登場した「ソドク洞の榎の木」は昌原にある

ドラマにちなんだクジラの壁画を眺めながら散策するのも楽しい

結ぶ自動車専用道路が、ソドク洞という村の中央を貫通して建設されることになる。村を分断するような計画に怒り心頭に発する村人たちが、道路建設を阻止するための集団訴訟を起こす。

村人側が圧倒的に不利だったが、裁判の流れを変えたのが村のご神木である「榎《エノキ》の木」の存在。この木のおかげで道路建設計画が変更される可能性が出てきたのだ。

## ◉樹齢500年の榎の木

この榎の木は、韓国南東部の昌原《チャンウォン》特例市にある。

慶尚南道《キョンサンナムド》の道庁所在地である昌原は人口100万人余りの大都市で、慶南地域の経済・産業の中枢。

『ウ・ヨンウ弁護士は天才肌』のロケ地となった北部里の東部村《マウル》は、昌原市の北部を流れる洛東江《ナクトンガン》という河川沿いにある。田園風景が広がり、スイカや唐辛子などのハウス栽培も盛んな農村だ。

そんな自然豊かな東部村を車で走っていると、田んぼの真ん中にあの榎の木が立つ丘が見えてきた。

「榎の木訪問を歓迎します」の横断幕が張られた道を進むと、クジラの壁画が描かれた民家が現れる。ヨンウと親友のトン・グラミ（チュ・ヒョニョン）のあいさつポーズを描いたものもあり、楽しい。

坂を上っていくと、青々と茂った樹齢500年の榎の木があった。まるで丘の上から村全体を見守っているかのように立っている。美しい景観とともに、その凛とした姿に感動を覚えた。

この木の下で被告側の弁護士テ・スミ（チン・ギョン）と原告側の弁護士ヨンウが、心地よい風を感じながら話をするシーンを思い出す。

この榎の木は実際に東部村のご神木として、90年余り前から「ご神木祭り」が開催され続けているほど村人たちに愛されている。さらにドラマの影響で、その存在が国内外に広く知れわたるようになった。

そして、この木の歴史的・学術的・景観的価値が認められ、２０２２年10月、ついに「国家指定文化財天然記念物」に指定されたのだ。

**●昌原特例市北部里、榎の木へのアクセス**

ソウル駅からＫＴＸ（韓国高速鉄道）で約2時間30分、釜山駅からムグンファ号（列車）で約50分の密陽《ミリャン》駅下車。密陽駅前からタクシーで約25分。

# 2 全州

## 伝統韓屋が軒を連ねる美食の街には独自の酒文化がある

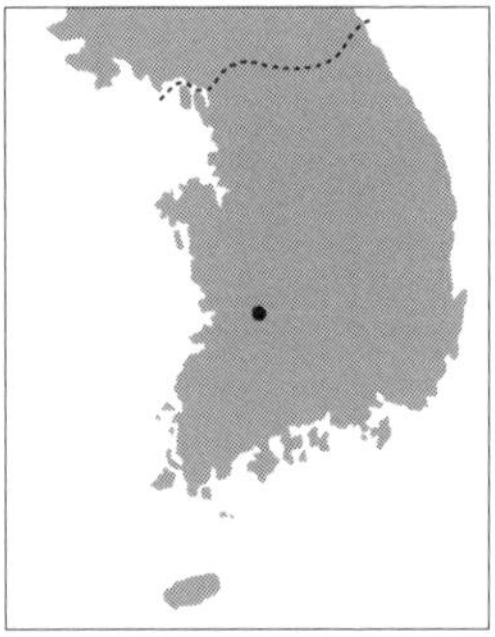

### ◉鉄道のトンネル址

「あっ、全州《チョンジュ》のあのトンネルだ！」

あるドラマに登場したトンネルに気づいた私は、一刻も早く全州を再訪したくなった。

韓国南西部にある全羅北道の全州市には、約７００軒の伝統家屋が軒を連ねる全州韓屋村《ハノンマウル》がある。

コロナ禍の影響で低迷してた観光客数が、２０２２年には年間１１２９万人超と再び活気を取り戻したほどの人気スポットだ。

特に梧木台《オモクテ》という高台に上る途中の展望台からは韓屋村の甍《いらか》の波が一望でき、「韓国らしい風景」を満喫できる。

そんな風景に会いたくて、２００９年の初訪問以来、90回近くも全州に足を延ばしている。

「あるドラマ」とは２０２２年に話題となった『二十五、二十一』。

キム・テリ演じるナ・ヒドとナム・ジュヒョク演じるペク・イジンが、互いの応援に支えられながら夢を叶えていく過程が大変丁寧に描かれており、多くの視聴者の共感を呼んだ。

中でもとても印象的だったのが、たびたび登場するトンネルのシーンだ。

第2話で債権者から罵倒されたイジンは、「絶対に幸せにならない」と誓う。しかし、ヒドと水道のシャワー遊びをした後にトンネルを通り抜けながら、ヒドから「私と遊ぶときにはこっそり幸せになろう。2人だけの秘密」と言われる。その言葉にイジンが素直に頷く。このシーンに心を打たれた視聴者も多かったであろう。

最終話ではヒドとイジンが、互いに「あんなことを言うつもりはなかった」と若かりし頃の本心を打ち明ける「空想の中のやり直しシーン」も登場し、余韻を残すエンディングとなった。

このドラマの重要シーンに幾度となく登場したトンネルは、寒碧窟《ハンビョクゴル》（以下「寒碧トンネル」）という鉄道のトンネル址《あと》で、全州韓屋村にある。

## ◉『二十五、二十一』ロケ地

全州は、ビビンバやコンナムル（豆もやし）クッパをはじめ「美食の街」として有名。その理由は食材が豊富だからだ。

西海岸で水揚げされる海産物、国内最大の穀倉地帯である湖南《ホナム》平野で収穫される米、「コチュジャン（唐辛子味噌）の里」と呼ばれる淳昌《スンチャン》のコチュジャンやテンジャン（韓国味噌）など伝統製法で作られる調味料、智異山《チリサン》周辺で採れる山菜など、隣接地域から素晴らしい食材が集まってくる。

日本統治時代には、米などを内陸部から港へ運搬するために複数の鉄道が敷設された。寒碧トンネルは、益山《イクサン》から全州を経由して南原《ナムォン》へと線路を延長した際に、丘を切り崩して作られた。

この寒碧トンネルの頭上には、寒碧堂《ハンビョクタン》という建物がある。朝鮮王朝時代に詩人や水墨画家が、眼下を流れる全州川や遠くに見える南固山《ナムゴサン》を眺めながら風流を楽しんだといわれる場所だ。

寒碧トンネルと寒碧堂は全州韓屋村の南東エリアにあるのだが、メイン通りから外れているため比較的静かに時を過ごすことができる。そのため、私は全州へ行くたびに寒碧堂で時間を忘れてのんびりと過ごすことが多い。日常の疲れを癒やしたい人にお勧めのスポットだ。

全州韓屋村の中には『二十五、二十一』のもうひとつのロケ地がある。それがナ・ヒドの住む家だ。ドラマの中ではソウルの麻浦《マポ》区にある設定となっているが、実際には梧木台《オモクテ》キルと呼ばれる坂道の頂点に建つレンガの外壁の建物が該当する。

第1話で新聞配達のアルバイトをしているペク・イジンが投げ入れた新聞が、ヒドの家の小便小僧を直撃。たちまち破損したことで、ヒドがイジンを猛烈に非難したことが2人の出会いとなった。この建物がある梧木台キルから一望できる韓屋や全州川は最高だ。

全州川を渡った韓屋村の対岸には、陶芸家や刺繍作家など芸術家たちが創作活動を行っている「棲鶴洞《ソハクトン》芸術マウル」がある。女流写真家が運営する韓屋を改装した棲鶴洞写真館では、毎月様々な芸術家たちの写真展示を行っており無料で鑑賞できる。

この棲鶴洞にも『二十五、二十一』のロケ地がある。『フルハウス』という漫画が大好きなヒドが、新刊が発行されるたびにいち早くレンタルする貸本屋である。

口喧嘩をした母が漫画本を破いてしまったことにショックを受けたヒド。救済策として自ら画《え》と

『二十五、二十一』のロケに使われた寒碧トンネル

全州グルメの代表であるビビンバ

セリフを描き、セロテープで補修した漫画本をこっそり返却するというシーンには大笑いした。

## ◉歴史ドラマロケ地の宝庫

全州韓屋村には、『二十五、二十一』以外にもドラマロケ地となった観光スポットがある。そのひとつが朝鮮王朝を建国した李成桂《イソンゲ》の肖像画を祀るために建てられた慶基殿《キョンギジョン》だ。

敷地内にある全州史庫は、朝鮮王朝の正式な歴史書『朝鮮王朝実録』を保管するための建物。全国に4か所設置された史庫は、1592年の豊臣軍の攻撃などにより3か所が焼失。現存している『朝鮮王朝実録』は、唯一全州史庫に保存されていたものだけだ。これがなかったら韓国の歴史ドラマを制作することが難しかったであろうといわれるほど、全州史庫の果たした役割は大きい。

ここはまた、『宮《クン》〜Love in Palace』の撮影が行われたことでも有名だ。

さらに、敷地内にある美しい竹林では、映画『王になった男』や、宮廷内を闊歩《かっぽ》するキム・ヘス演じる王妃の姿が話題となった『シュルプ』の撮影も行われた。

全州郷校《ヒャンギョ》も絶対にはずせない。朝鮮王朝時代に儒学の学び舎であった明倫堂と、孔子の位牌を祀り祭祀を行う大成殿を中心に構成されているが、歴史ドラマに頻繁に登場している。

たとえば『トキメキ☆成均館《ソンギュングァン》スキャンダル』。パク・ミニョン演じるキム・ユニやパク・ユチョン演じるイ・ソンジュンたちが勉学に励んだ明倫堂のそばに、ユ・アイン演じるコロことムン・ジエシンが上ったことで有名なイチョウの木がある。

さらには、『雲が描いた月明り』『恋慕』『赤い袖先』『シュルプ』にも王宮の一部として登場し

慶基殿にある美しい竹林は歴史ドラマに頻繁に登場する

全州ならではの酒文化「やかんマッコリ」を頼むと無料でつまみが並ぶ

た。

虫が付きにくいことから「不正を行わない」という意味で植えられたというイチョウの木々が毎年11月中旬に黄金色に紅葉し、1年で最も美しい季節を迎える。

## ◉独自の酒文化

全州には独自の酒文化がある。三川洞《サムチョンドン》をはじめとするマッコリ横丁では、ボトル3本分のマッコリが入ったやかんを注文すると、10品前後のつまみが無料で提供されるという全州ならではのシステムがある。

また、「韓国版角打ち」ともいえる「カメク」と呼ばれる形態の店もある。「カメク」とは、韓国語で店を意味するカゲ（가게）とビールを意味するメクチュ（맥주）の頭文字を取った造語だ。酒屋の一角に設置されたテーブルに座り、お客自ら冷蔵庫から取り出した瓶ビールを飲みながら炙った干しだらやイカ、卵焼きをつまむ……そんなシステムだ。瓶ビールの値段が酒屋の販売価格と同額なので、安上がりに飲めると老若男女を問わず人気だ。

### ●全州へのアクセス

ソウル駅から全州駅までKTX（韓国高速鉄道）で約1時間35分。ソウル高速バスターミナルから全州高速バスターミナルまで約2時間40分。

# 3 南怡島

## 『冬のソナタ』の大ブームを牽引した美しき聖地

### ◉水と緑のハーモニー

自分にとって「人生を変えた場所」があるとすれば、まさに南怡島《ナミソム》がそれに当たると思える。それほど人生に象徴的なところであった。

初めて行ったのは２００３年10月だった。ＮＨＫのＢＳで放送された『冬のソナタ』が終了した後、その感動に突き動かされて夢中で出かけていった。

ときは紅葉の真っ盛り。見事なほどにモミジとイチョウが色を付け、圧巻とも言える色彩の魔術が小さな南怡島を覆いつくしていた。

大河・漢江《ハンガン》の支流となる北漢江《プッカンガン》は水の流れがとても美しく、その中州にポツンとある南怡島はどこにいても「水と緑のハーモニー」を実感することができた。

感激を抑えられない気持ちで島を1周した時点で、その後の自分が何をすればいいのかが決まったのかもしれない。今振り返っても、やはり南怡島で自分の人生が望む通りに変わっていったと確信できる。

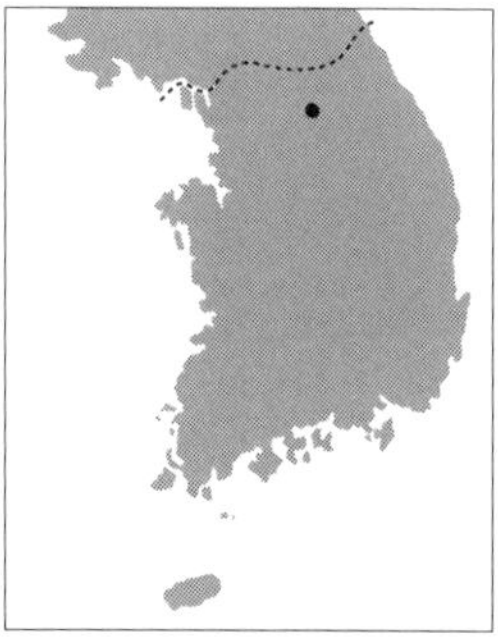

それ以後も南怡島には5回行った。『冬のソナタ』の撮影中にペ・ヨンジュンとチェ・ジウが泊まったホテルでも同じように宿泊したし、真冬に行って実際に小さな雪だるまを卓上で作ったりした。あるいは、真夏に行って広い並木道に鬱蒼《うっそう》とした緑が覆いかぶさる様を汗だくで見ていた。

いつも痛感したのは、「地形が残した自然美とはこういう場所」ということだ。

## ◉美しい並木道に魅せられる

南怡島は、ソウルから東60キロの場所にある。北漢江の中州にできた小さな島で、葉っぱのような形をしている。周囲は6キロ。浮世離れしている水辺の風景を楽しみながら島を歩いて1周しても2時間もかからない。

ソウルから南怡島に行く場合は、鉄道で加平《カピョン》駅に行き、タクシーで10分足らずの船着場に出てから渡し船（約10分）に乗って行く。

そうやってたどり着いた島の景観を象徴的に表現した場面が『冬のソナタ』にある。それは、イ・ミニョン（ペ・ヨンジュン）が過去への追憶にこだわりすぎるチョン・ユジン（チェ・ジウ）に対して語りかけた言葉だ。

「世界はこんなに美しいのに、ユジンさんは何を見ているの？　悲しい思い出だけ？」

このセリフの素晴らしさは、実際に南怡島でしばらく過ごすと実感できる。まさに映像美を讃えられた『冬のソナタ』の名場面を凝縮した場所が南怡島なのである。

特筆すべきは、島のところどころにある並木道だ。

左：南怡島で観光客が最も多く集まる並木道
下：『冬のソナタ』のモニュメントの前で記念撮影をする人が多い

なぜ、これほど美しいのか。

それは、並木道には時間の経過が宿っているからだ。同じ姿をした見映えがいい樹々が奥から手前に向かって順々に連なっている。まるで、過去から未来につながる連綿とした時間の流れを表しているかのようだ。

それゆえ、南怡島の美しい並木道を歩いていると気分がいい。時間軸の推移をゆっくりしたステップでたどる気持ちになれるし、ここは本当に散歩に適した場所だ。

『冬のソナタ』の中で南怡島は主人公2人の他には誰もいない島だった。しかし、現実の南怡島は大勢の観光客で賑わう一大ピクニックランドだ。

この島を、春夏秋冬のすべての季節に訪ねてきたが、やはりベストシーズンは10月。紅葉の美しさは例えようもないほどだ。

しかし、紅葉シーズンの週末だけは行かないほうがいいかもしれない。南怡島に渡る船に乗るための順番待ちの行列が、とてつもなく長いからである。もし行くなら、ぜひ平日に行くことをお勧めしたい。

# 4 浦項・九龍浦
## 日本にゆかりのある港町で歴史を学びロケ地を巡る

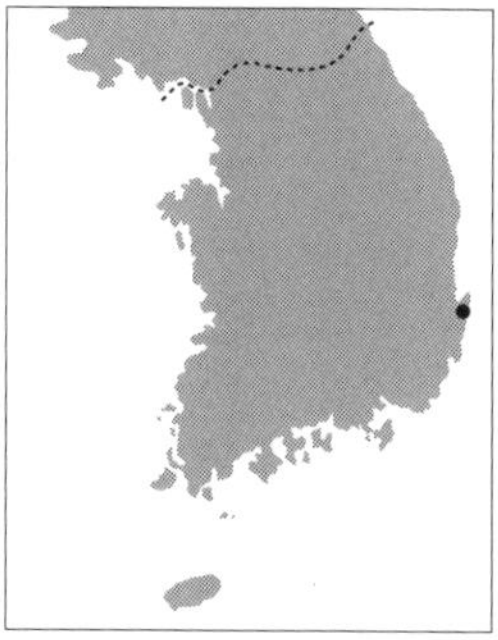

### ◉近年ドラマロケ地として注目

近年、韓国ドラマのロケ地として注目を集めている場所がある。韓国中東部にある慶尚北道の浦項《ポハン》市だ。浦項は、1968年、浦項総合製鉄（現・POSCO）という製鉄会社の創立をきっかけに、韓国有数の工業港湾都市として急成長を果たした。

市の東部には、虎のしっぽのように海に突き出た虎尾《ホミ》半島がある。その南海岸に位置する九龍《クリョン》浦《ポ》では、『椿の花咲く頃』の撮影が行われた。

シングルマザーのオ・ドンベク（コン・ヒョジン）が、港町に引っ越して居酒屋「カメリア」を開店する。ドンベクの美しさに心を奪われた熱血警官ファン・ヨンシク（カン・ハヌル）との恋愛模様だけでなく、女性天下の住民たちとのいざこざや連続殺人事件も盛り込まれた。まさに傑作のサスペンスヒューマンドラマだ。

『椿の花咲く頃』の舞台となったオンサンは架空の港町。アジュンマ（おばさん）たちが、カンジャンケジャン（ワタリガニの醤油漬け）を出す食堂を経営している。

一方、ロケ地の九龍浦は海岸近くから水深があり、遠浅な海に棲むワタリガニではなく深海に生息するズワイガニの水揚げ港として有名だ。

海岸沿いに並ぶ食堂の看板には、巨大なズワイガニのオブジェがずらりと並んでいる。ズワイガニは蒸して食べるのが一般的で、漁が解禁となる11月から3月にかけて、店頭の蒸し器から白い蒸気が立ちのぼり食欲をそそる。

## ◉日本人家屋通り

『椿の花咲く頃』の撮影は、主に九龍浦日本人家屋通りで行われた。通りの両側には30軒足らずの日本家屋が並んでいる。

なぜ、九龍浦に日本人家屋通りがあるのだろうか。

1880年頃から香川県の小田村と岡山県を中心に大勢の漁師たちが、広い漁場を求めて朝鮮半島に出漁した。やがて九龍浦に移住し居を構えたのがこの通りだった。

そんなゆかりがある日本人家屋通りの入口に設置された門をくぐると、長い階段が見えてくる。ドンベクとヨンシクが見つめ合う『椿の花咲く頃』のポスターはこの階段の上で撮影された。私が訪問したときには、何組ものカップルがポスターと同じ構図で階段に腰掛けて、熱心に写真撮影を楽しんでいた。

この階段の手前を右に曲がると、「九龍浦近代歴史館」がある。1920年代に香川県から移住した橋本善吉の住まいだった2階建ての木造家屋で、内部を自由に見学できる。欄間や床の間など

九龍浦海岸沿いの食堂に掲げられたズワイガニのオブジェ

『椿の花咲く頃』のロケ地「カメリア」

が見事に復元され、当時の生活を垣間見ることができる。

先の階段の手前を左に曲がった通りにはドンベクの営む「カメリア」があり、ドラマ撮影当時と変わらぬ佇まいを見せている。現在はカフェとして営業しているそうだ。店頭には出前用の赤色のバイクも置いてあり、写真撮影をするためにドラマファンたちの行列ができていた。

「カメリア」の1本北側の路地にはドンベクの自宅もあるので、忘れずに見学しよう。

「カメリア」と同じ通りにある「八十八夜」というカフェに入ってみた。100年前の2階建て日本家屋を改装した建物だ。

羊羹《ようかん》や生チョコなど、日替わりスイーツ4種を盛り合わせたデザートサンプラーを食べながら、済州島《チェジュド》の青ミカンで作った自家製モヒートを飲んだ。いずれも心がこもっているのがわかる優しい味で、疲れが吹き飛んだ。

「コロナ禍も落ち着いて日本人のお客様も訪れるようになったので、日本語メニューを作ろうと思っています」

若い店主が嬉しそうに話してくれた。

## ◉初日の出の名所

九龍浦でドラマの世界に浸ったら、虎尾半島の先端にある「虎尾串《ホミゴ》日の出広場」にも足を延ばしてほしい。大晦日の深夜には海岸沿いに大勢が集まってくる。年明けを祝う初日の出の名所だからだ。

日本家屋カフェ「八十八夜」のドリンクとデザートサンプラー

「共生の手」の５本の指すべてにカモメが停まった奇跡の瞬間！

海岸にはミレニアムを記念して「人類がみな助け合って生きていく」という趣旨で作られた「共生の手」というオブジェがある。

海側に右手、陸地側に左手が、向かい合った位置に設置されている。しばらく眺めていると、海側の5本の指すべてに空を舞うカモメが停まった。

『椿の花咲く頃』の最終話のエンディングに「毎日奇跡を起こしているあなたを応援します」というテロップが表示されるが、これもひとつの奇跡だろうか？

**●九龍浦へのアクセス**

ソウル駅から浦項駅までKTX（韓国高速鉄道）で約2時間30分。浦項駅前から9000番バスで九龍浦日本人家屋路バス停下車（約1時間5分）。

# 5 浦項・月浦

## ドラマを盛り立てた美しい海と鮮度抜群のシーフード

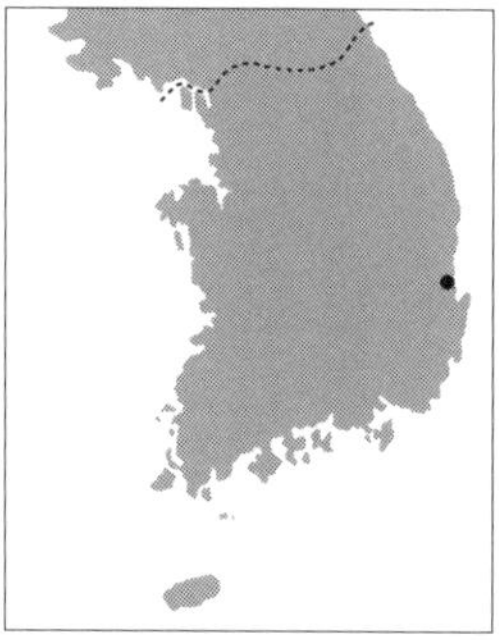

### ◉美しい海岸とロケセット

「すぐにでも美しい海が見たくなる」

そんな思いにさせてくれるドラマが『海街チャチャチャ』だ。

このドラマの舞台はコンジンという架空の港町なのだが、ロケが行われたのは『椿の花咲く頃』と同じく、韓国中東部にある慶尚北道の浦項《ポハン》市。

『海街チャチャチャ』では、歯科医のユン・ヘジン（シン・ミナ）とマルチな才能を持つ町の班長ホン・ドゥシク（キム・ソンホ）のラブロマンスが、美しい海岸線を背景に展開されていた。同時に、コンジンの住民たちの人情味あふれるエピソードがたっぷりと描かれていた。

面倒見が良く気さくなホン班長というキャラクターは絶大な人気を誇り、放送終了後に「ホン班長ロス」になったファンも大勢いたほどだ。

撮影は浦項市内の複数の場所で行われたが、とりわけ素晴らしかったのが海岸の風景だ。今でも「♪ララ　ラララ　ラララ〜」というOSTとともに、あの青い海と白い砂浜の光景が目に浮かぶ。

住民の交流の場として登場したのがコンジン市場だ。実際には月浦《ウォルポ》駅からバスで5分ほどの清河《チョンハ》市場で撮影が行われた。現在はドラマにあやかり「清河コンジン市場」に名称変更された。

この市場内に5つのロケセットが設置された。コンジンの特産品という設定のイカの銅像、真ん丸眼鏡の少女ボラの両親が営むボラスーパー、ジャージャー麺の美味しさに定評のあるコンジン飯店、ボラの父親が経営するチョンホ金物店、かつて有名歌手だった（？）オ社長経営のオ・ユンカフェで、現在でも外観を見学できる。

カフェの外壁に、若かりし頃のオ・ユンのポスターが貼ってあるのがなんとも笑える。

撮影から時間が経過したとはいえ、いまだに外国人観光客が大型バスで見学に来ており、コンジンの住民たちが飛び出してきそうな臨場感を体験できる。

また、ヘジンが開業したユン歯科（現在はレストランとして営業中）がある清津《チョンジン》港やホン班長の船が置いてある砂防《サバン》記念公園は、清河コンジン市場から車で15分ほど南東に下った場所にある。

## ◉郷土料理ムルフェを食す

水平線に月が沈む様をモチーフにしたスタイリッシュな駅舎の月浦駅。

そこから500メートルほど東へ歩くと、全長1キロあまりの月浦海水浴場が広がっている。夏場には海水浴や磯釣りを楽しむ人々で賑わう人気の海水浴場だ。

海岸近くにある天然魚専門の食堂で、浦項の伝統料理であるムルフェを食べた。

これは、韓国で夏に食べる刺身料理だ。

清河コンジン市場にあるオ・ユンカフェのロケセット

浦項の伝統料理ムルフェ（写真中央下）は魚の鮮度が秀でていて抜群の美味しさ

細切りした刺身、ホヤやナマコなどの魚介類、千切りしたキュウリや大根などの野菜に、調味料を合わせてシャーベット状にしたユクス（スープ）をかけ、よく混ぜて食べるのが一般的だ。

一方、浦項の伝統的なムルフェはちょっと違う。ユクスを使わずに好みの量のコチュジャンを刺身や野菜に混ぜて食べる。また、好みの分量の水と氷を混ぜて食べたりもする。忙しい漁師が、船の上で慌ただしく食事をするときの方法だそうだ。

私も漁師さながらに伝統的な食べ方を試してみたが、鮮度のいいカレイのプリプリとした食感が忘れられない。

カレイのアラで作ったメウンタン（辛い海鮮鍋）も濃厚な魚の出汁が効いていて、最高の味だった。

**●清河コンジン市場へのアクセス**

浦項駅から月浦駅までムグンファ号（列車）で約11分。月浦駅前から5000番、または清河4番バスで約5分の清河市場バス停下車。

# 6 湫岩海岸

## 美しい海から岩場が突き出ている景観が圧巻!

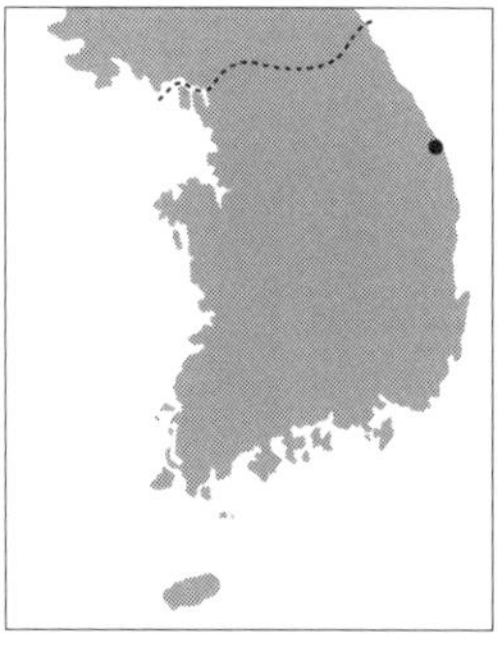

### ◉人を引き付ける海岸線

韓国をぐるりと回っていて、「海岸がとても素敵なところ」というテーマで選ぶなら、真っ先に挙げたいのが半島の東海岸中央部にある湫岩《チュアム》海岸だ。東海《トンヘ》市にある湫岩駅から徒歩で行ける。

白い砂浜が美しいことでよく知られていて、これまでに数多くのドラマでロケに使われてきた。特に有名なのが『冬のソナタ』だ。

湫岩海岸が登場するのは『冬のソナタ』の第18話。別れを決意したチュンサンがユジンを誘って海に行く。最後の思い出作りの場所が湫岩海岸だった。映像で見たとき、海から岩場が突き出ている風景が圧巻だった。

最初に行ったのは2003年10月だった。海岸に向かうとき、タクシーの運転手さんの言葉が忘れられない。

「湫岩海岸は水がすごくきれいだし景色もいいから、大勢の観光客が来ますよ。まあ、韓国でも一、二を争うほどの海水浴場ですね」

運転手さんの「お国自慢」はよくあるが、実際に行ってみて「韓国でも一、二を争う」というのも実感できた。

人を引き付けるような美しい海岸線が続いている。その風景を望むように民宿や土産物屋が立ち並び、砂浜ではズラリとイカが日干しにされていた。

海岸の風景は、間違いなく『冬のソナタ』で見たものと同じだった。

美しい白浜が続き、カモメがひっきりなしに飛んでいる。特にカモメが多い場所には、海から三角型の岩がいくつも突き出ていた。

ドラマでは、チュンサンとユジンが白浜を走って戯れる。ユジンは幸せの絶頂にあったが、チュンサンはすでに別れを決意していた。しかし、ユジンは知らない。それだけに、彼女がはしゃぐ姿が痛々しかった。

## ◉海岸を照らすサーチライト

ドラマから現実に戻って視線を左に移すと、岩場の先に見覚えのある民宿が見えてきた。例の、チュンサンとユジンが泊まった民宿だった。

近づいて行くと、民宿の前でアジュンマがイカを干していた。挨拶した後に、『冬のソナタ』でロケに使われた当時の話を聞いた。

この民宿に泊まりたくなって再び訪ねたのは、1年半が過ぎた頃だ。

部屋はどれも狭かった。

湫岩海岸の奥に『冬のソナタ』に登場した民宿が見える

湫岩海岸では奇岩が織りなす景観が雄大だ

とはいえ、オンドルの部屋で寝ころびながら開けた窓から潮騒を聞いたときは、気分がとても良かった。

「いいところに来たなあ。チュンサンとユジンが連れてきてくれたのかな」

そう勝手に思うのは自由だ。

その自由さの中に忘れられない追憶が宿る。

心地よくウトウトした後で、海岸を散策する。

白い砂、飛翔するカモメ、海から突き出た奇岩、そして、青い空。すべてが自分の望む通りの光景だった。

それから、そばの食堂で刺し身を食べ、暗くなってからも海岸で焼酎を飲んだ。

飲むほどに酩酊してきた。すると、けたたましい笛の音がした。

音がする方向に顔を向けると、暗闇の中から徐々に見えてきた……激しい息づかいの犬を連れた2人の兵士の姿が……。

屈強な兵士たちは機関銃を携えており、大きな犬がやたらと鼻面をこちらに近づけてきた。酔っていたせいか、すぐに現実がわからなかったが、兵士に大きな声で詰問されて一気に恐怖が押し寄せてきた。

「この海岸は夜間に入ることはできない。ここで何をしているのか」

そう尋ねられて、今、自分が置かれている立場をようやく理解した。要するに、北朝鮮のスパイを防ぐ目的で、湫岩海岸は夜間の立ち入りを禁止しているのだった。

それも知らずに、呑気に海岸で焼酎を飲んでいたというわけだ。

一気に酔いが覚めた。

あとは、平謝りして勘弁してもらった。

民宿に戻り、海岸に向いた縁台に腰掛けて、焼酎の続きをした。緑黄色のサーチライトがしきりに海岸を照らしている。その光はスパイを捜し出すためのものなのだが、幻想的でドラマの一場面のようにも思えた。

あの日から十数年が経ったが、夜の湫岩海岸を照らしていたサーチライトは記憶の中で今も心に残っている。

とはいえ、時代は変わった。

湫岩海岸には２０１９年に全長72メートルの海上吊り橋ができて、大勢の観光客を集めている。韓国で唯一、海の上に架けられた吊り橋であり、日の出スポットとしても有名になった。

次に湫岩海岸に行くときは、深夜の焼酎を控えて早朝の吊り橋を楽しんでみよう。東の海から昇る朝陽はどれほど荘厳に見えるだろうか。

# 7 東草

# 『秋の童話』の舞台、アバイ村のハルモニと心がひとつに！

## ◉失郷民が暮らす村

大人気ドラマ『賢い医師生活』。シーズン1の第11話で、脳神経外科医のチェ・ソンファ（チョン・ミド）は持病のヘルニアが悪化。本院より手術の少ない東草《ソクチョ》の分院で1年間働くと、仲間に告白した。

東草は、韓国北東部の江原特別自治道にある港町だ。

ソン・スンホンとソン・ヘギョが出演した王道の韓国ドラマ『秋の童話』で、ウンソ（ソン・ヘギョ）の実母が営む食堂の撮影が行われた「アバイ村」もある。

潟湖である青草湖《チョンチョホ》の入口にあるアバイ村は、朝鮮戦争のときに北朝鮮の北東部にある咸鏡道《ハムギョンド》から避難してきた人々が住む村だ。休戦後すぐに故郷に戻れるようにと38度線に近いここで暮らしたが、いまだに故郷に帰る夢は叶わず失郷民として定住している。現在、住民の6割が咸鏡道出身の2世だという。

名物のオジンオスンデ（韓国風イカ飯）や冷麺を食べられる食堂が並んでいる。

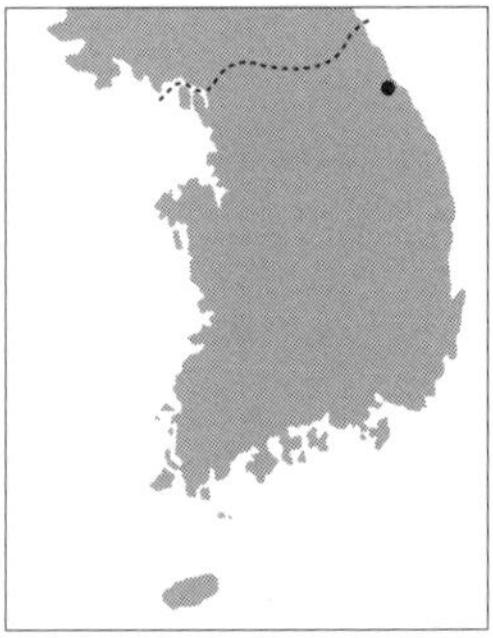

以前、私が企画した地方旅ツアーでは、ここから雪岳《ソラク》大橋を渡り、さらに村の南部へ足を延ばした。そこは観光地ではない真のアバイ村の住民たちの暮らしぶりをうかがえる場所だ。

特産品である明太子やスケトウダラの内臓の塩辛を販売する店が軒を連ねている。壁画横丁と呼ばれる一帯には、故郷への思いが募るメッセージやイラストが描かれた塀が続く。

そんなアバイ村の細い路地を歩いていると、縁台に腰掛けてくつろいでいる住民たちに出くわした。中にはかなり高齢のハルモニ（おばあさん）もいる。

すると、ツアーの参加者で年配の2人の女性が、何のためらいもなくハルモニの横にちょこんと座り一緒に写真に納まった。言葉も生きてきた環境もまったく違う3人がひとつになった微笑ましい瞬間だった！

アバイ村からケッペに乗り、対岸の船着き場に戻る。

その近くには水産市場があり、美味しい食堂も多い。中でも行列ができる食堂として有名なのがミズダコクッパの店だ。

最高級の韓牛《ハヌ》がたっぷり入ったスープに、近海で獲れたミズダコのスライスがトッピングされている。

スープが熱いうちにタコを1枚ずつしゃぶしゃぶして食べる。ミズダコの香りと甘さを楽しんだら、次は柔らかく煮込まれた韓牛とスープの旨味を堪能する。1粒で二度美味しいなんとも贅沢なスープだ。

## ◉海水浴場に新スポット誕生

東草にはアバイ村のような悲しい歴史を持つ場所もあれば、新しく開業した観光スポットもある。

２０２２年3月に東草海水浴場に誕生した「東草アイ大観覧車」だ。「韓国初の海岸大観覧車」ということで、私が訪問した日も大勢の観光客が列を成していた。40分ほど待ってようやく乗車できた。

高さ65メートルの上空から東草海岸やアバイ村を見渡すことができ、1周15分間でさらに東草への思いが深まる。

ソウルからのアクセスにも動きがあった。

２０２２年にソウルと東草を結ぶ高速鉄道を着工。完工は２０２７年予定と少し先だが、完成すればソウル駅から東草駅まで1時間39分で到着できる予定だ。

### ●東草へのアクセス

ソウル高速バスターミナルから東草高速バスターミナルまで約2時間20分。

『秋の童話』のロケ地であるアバイ村の入口に立つ主人公2人の像

2022年3月に束草海水浴場に誕生した「束草アイ大観覧車」

# 8 木浦・西山洞

## 映画やドラマのロケ地として一躍有名になった西山洞を歩く

### ◉タルトンネの詩画コルモク

韓国南西部の全羅南道にある木浦《モッポ》。

木浦駅から車で5分足らずの場所に、西山洞《ソサンドン》という村がある。

急坂を上る階段の両脇にひしめき合うように小さな家が建ち並ぶ。このような地形の村を韓国のあちこちで見かけるが、月にも届くほど高い場所にあることから「タルトンネ（月の町）」と呼ばれている。

キム・ユンソク、ハ・ジョンウ出演の実話に基づく映画『1987、ある闘いの真実』の公開をきっかけに、西山洞はホットスポットとなった。

村の入口にこの映画のロケセットである「ヨニネシュポ（ヨニのスーパー）」があるからだ。この建物は、刑務官のハン・ビョンヨン（ユ・ヘジン）と姪のヨニ（キム・テリ）が営む雑貨店兼自宅として映画に登場した。

店内には撮影当時のまま雑貨や食料品などが並べられていて、自由に見学できる。

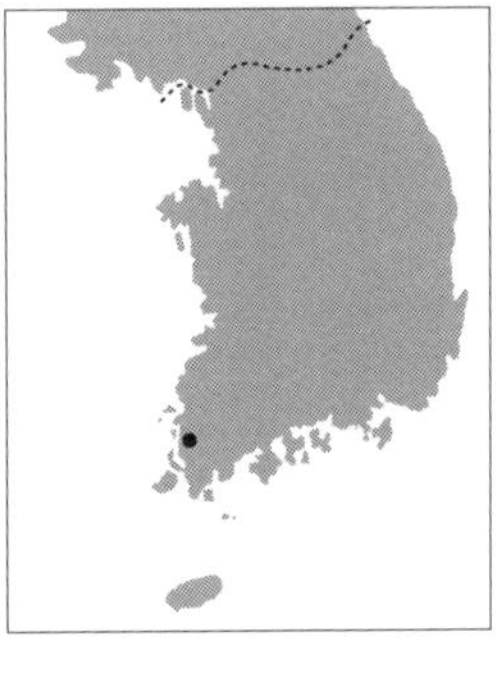

映画『1987、ある闘いの真実』に登場する「ヨニネシュポ」のロケセット

詩画コルモクを上りきったポリマダンから見える木浦の海

この建物の背後には、太平洋戦争のときに作られたという防空壕も残されている。

ヨニネシュポを右手に見ながら道を進むと、突き当たりに、途中から3方向に分かれる階段がある。

ここは詩画《シファ》コルモクと呼ばれる芸術の路地。階段の両脇の住宅には、西山洞をテーマに住民と芸術家たちが綴った詩と壁画が描かれている。

## ◉看板のない角打ち店

ほのぼのとした壁画を眺めながら階段を上りきると、ポリマダンと呼ばれるエリアに到着する。そこからは美しい木浦の海が一望できる。

この通りに看板のない角打ち店のシュポ（アルコール類を販売価格で飲める雑貨屋）がある。子供たちが馬乗りをしている壁画のある青色の屋根の一軒家で、店名は「ハルメネチプ」。船員だったハラボジ（おじいさん）が50年前から妻と2人で雑貨屋兼角打ちを始めたという。

予約をすれば、ベランダに並べたテーブルで地鶏の水炊きや半干ししたニベ（スズキ目の白身魚）の蒸し物を食べながらお酒を楽しむことができる。

1人旅の私には量が多すぎるので、予約はせずにふらりと店を訪ねてみた。

「1人なのでマッコリだけ飲んでもいいですか？」

私の問いかけを快く受け入れてくれたハルモニ。

「豆腐食べる？」と言いながら、ソバンという丸テーブルにキムチや小魚など5品のつまみを並べてくれた。豆腐にはニラとゴマがたっぷりのヤンニョム（薬味ダレ）が載せてあり、木浦で造られたマッコリにとても合う。

ベランダから木浦の海を眺めながら、「なんて贅沢な時間の過ごし方なんだろう」としみじみ思った。

ハラボジに会計をお願いしたところ、わずか6千ウォンだったことにも驚いた。

いつかまたこの店を訪れ、美しい木浦の海を眺めながらマッコリを楽しみたい。

## ◉『ドドソララソ』のロケセットも

「ハルメネチプ」の前の通りを東へ進むと、突き当りに見えてくるのが『ドドソララソ』のロケセットだ。

ドラマではウンポという街に引っ越したヒロインのク・ララ（コ・アラ／Ａｒａ）が、ソヌ・ジュン（イ・ジェウク）の家を借りてピアノ教室「ララ・ランド」を始める。

「ララ・ランド」とチン・スッキョン（イェ・ジウォン）が営むヘアサロン「ジンヘア」が隣り合わせに並んでいる（内部見学可）。内部には、第3話でララが屋外で弾いたあのカラフルなピアノも置いてある。

### ●木浦へのアクセス

ソウル駅から木浦駅までＫＴＸ（韓国高速鉄道）で約2時間40分。

**COLUMN ノムチョアヨ！ 韓ドラ旅〈1〉**

# 韓国ひとめぼれベスト選〈グルメ＆絶景編〉

**●お勧めご当地グルメ**

▶第１位／忠清南道《チュンチョンナムド》の洪城郡《ホンソン》南塘里《ナムダンニ》のトリガイしゃぶしゃぶ

しゃぶしゃぶは、チュクミ（いいだこ）、アオヤギ、キジ肉、ハモを含め、どれも素材の鮮度が命。洪城郡の南塘里で食べたトリガイは、波のように美しく皿の上に並べて出してくれた盛り付けから素晴らしく、ハマグリとアサリが入った鍋でしゃぶしゃぶするというぜいたくさも忘れられない。

▶第２位／全羅北道《チョルラプクト》の南原《ナムォン》の智異山《チリサン》高原黒豚

韓国で２番目に高い智異山の海抜500メートルの高原で、覆盆子《ポップンジャ》（トックリイチゴ）の実を与えて育てられた黒豚。淡いピンク色の豚肉は肉質が柔らかく脂身が甘い。岩塩を付けて食べると、濃厚な肉の旨味がよくわかる。

▶第３位／江原特別自治道の江陵《カンヌン》のクッチョグタン

連谷《ヨンゴク》川の河口付近に生息するウコギリというハゼ科の淡水魚をすり潰したスープ。自家栽培した大豆と唐辛子で造った自家製調味料で味付けし、芳しい香りと深いコクのスープにスプーンが止まらなくなった。江原特別自治道特産のジャガイモが一緒に炊き込まれたご飯もたまらなく美味しい。

**●また訪ねたい絶景**

▶第１位／紅葉真っ盛りの五色鋳銭谷《オセクチュジョンゴル》トレッキングコース

江原特別自治道にある雪岳山《ソラクサン》南部の五色薬水から紅葉と切り立った岩山を眺めながら川沿いを散策。その後、急激な上り坂と階段を50分かけて登り切った後、万景台《マンギョンデ》から眺めた美しい紅葉のパノラマは一生忘れられない。

▶第２位／韓国三大観音聖地のひとつ菩薩庵《ポリアム》

慶尚南道《キョンサンナムド》の南海《ナメ》の錦山《クムサン》山頂に建つ寺院。本数の少ないバス、カーブの続く坂を上るタクシーを乗り継ぎ、急勾配の上り坂を15分以上かけて歩いたかと思えば、急階段を下ってようやくお参りできるという超難所。それだけにそこから見える山々と海は、言葉を失うほど美しかった。

▶第３位／菜の花畑が広がる青山島《チョンサンド》

まさに『春のワルツ』のオープニングの世界を再現したような菜の花畑が広がる青山島は、一度は行く価値あり！

第2章

# 超ワクワクの「人情とグルメ」に感服！

# 1 全州

## 姉妹の契りを交わしたオンニとの出会い

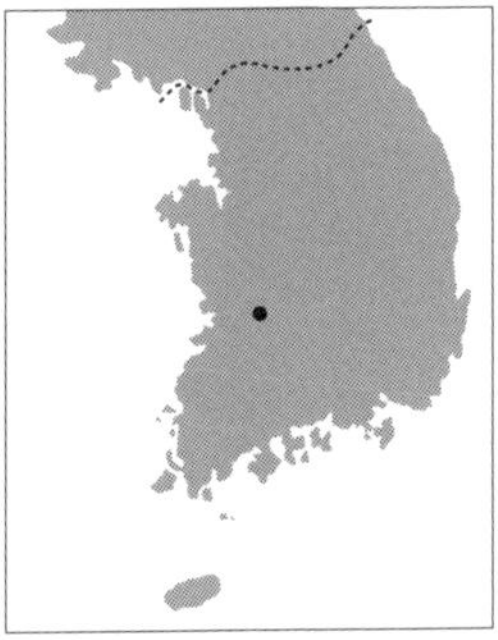

### ◉伝統茶店での出会い

私が韓国地方旅に没頭する引き金となったのは、韓国南西部にある全羅北道の全州《チョンジュ》に行ったことだった。

伝統家屋が建ち並ぶ全州韓屋《ハノン》村《マウル》を一目見たくて、ソウルから日帰りで出かけたのが２００９年だった。

近年では国内外を問わず人気を集め、レンタル韓服を着て食べ歩きを楽しむ観光客で賑わいを見せている全州韓屋村。しかし、私が初めて訪問した頃は、まだのどかな雰囲気が残るとても静かな村だった。

土塀のある細い路地やカリネギルという全州川沿いの道を散策するたびに可愛い子犬や子猫に挨拶したり、自然豊かな風景を眺めたりしながら、まるで子供の頃にタイムスリップしたような懐かしい気持ちになれた。

都会の喧騒を忘れられる全州がとても好きになり、毎月のように通っていた。

2011年の秋、韓屋村の全州郷校《ヒャンギョ》のそばにある伝統茶店に入ると、優しそうな女性のサジャンニム（店主）が笑顔で迎えてくれた。

注文した生姜茶が出来上がるのを待つ間に店内を見回してみると、ユチョンと2ショットの若い女性（のちに店主の娘さんと判明）の写真やユ・アインと2ショットのサジャンニムの写真を見つけた。

その前年に放送された『トキメキ☆成均館《ソンギュングァン》スキャンダル』の撮影が全州郷校で行われたとき、俳優たちが休憩時間にこの店を訪れたのだという。

その頃から日本人を含め大勢のファンたちがこの店を訪れるようになり、芳名帳にサインを残してもらっているのだと、サジャンニムが嬉しそうに見せてくれた。

手作りの生姜茶は、甘草《かんぞう》の優しい甘さが心地よく身体が温まった。

そんなサジャンニムの優しい対応と伝統茶の美味しさに、その後も全州へ行くたびにその伝統茶店に足を運ぶようになった。

## ◉食堂で交わした姉妹の契り

サジャンニムと出会ってから半年ほど経った頃、私が「明日は麗水《ヨス》（全羅南道の港町）へ行く」と言うと、「平日だから、店を休みにして一緒に行くわ」と言い、翌朝2人並んでムグンファ号に揺られて麗水へ向かった。

水産市場でさばいてもらった新鮮な刺身を2階の食堂でつまんでいると、サジャンニムから「私たち、これで会うのは何回目になった?」と尋ねられた。「7、8回目かな」と答えると、「じゃあ、今日から私のことをサジャンニムではなく『オンニ』と呼んで。そのほうが気楽だから」と言われた。

「オンニ」は韓国語で「姉」という意味だが、親しい女性同士の間では、年上を「オンニ」、年下を「トンセン」と呼び合う。

外国人である私に「今日から『オンニ』と『トンセン』ね」と言ってくれたオンニの温かさが胸に染みた。

オンニは天然染色や茶道など様々な韓国の伝統文化を学生たちに教える仕事もしていた。そんなときに常にアシスタントとしてサポートしているのが、オンニの夫であるヒョンブ(トンセンから見てオンニの夫の呼称)だった。

ヒョンブとオンニは、いつも私の体調を心配してくれたり、韓国関連の活動を応援してくれたりする。また、いろいろなところに連れて行ってくれたり、自宅で食事やおやつをご馳走してくれたりもした。年齢はそれほど違わないが、私にとっては全州の両親のような存在だ。

2022年12月に3年ぶりにオンニと再会した瞬間には、どちらからともなく抱き合って、互いの無事を喜んだ。ヒョンブとも微笑みながら固い握手を交わした。

全州の完山公園にてオンニとの２ショット

いつも仲睦まじい全州のオンニとヒョンブ

# 2 統営

## 海に浮かぶ島々と鮮魚グルメを楽しめる「東洋のナポリ」

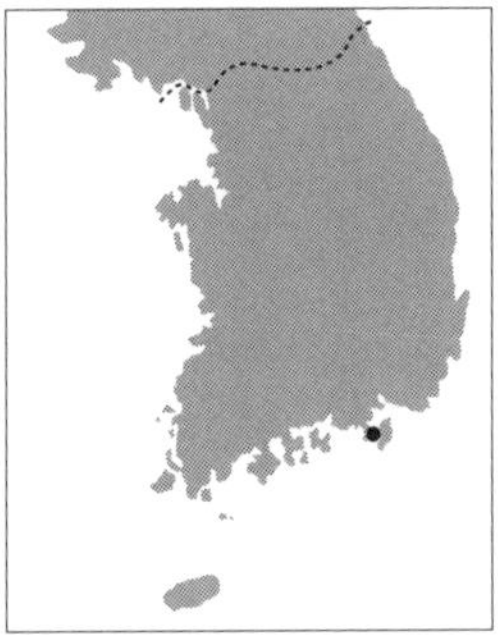

### ◉統営ならではの味覚

東西南と三方を海に囲まれている韓国。南の海を楽しむなら、お勧めしたいのが統営《トンヨン》だ。

韓国南東部にある慶尚南道の統営市は、固城《コソン》半島の先端に位置している。周囲には１５０あまりの島が点在する青い海が広がり、「東洋のナポリ」とも呼ばれている。

特に、市の南部の弥勒島《ミルクト》にある「閑麗《ハンニョ》水道眺望ケーブルカー」や弥勒山の山頂から眺める景色は最高だ。

ムン・ガヨン、ユ・ヨンソク主演の大人の恋愛ドラマ『愛と、利と』。このドラマの第15話でも統営出身のアン・スヨン（ムン・ガヨン）がハ・サンス（ユ・ヨンソク）を案内し、このケーブルカーに乗るシーンが登場した。

海に浮かぶ島々がまるで山脈のように連なり、天気が良ければその奥に対馬まで見える。

弥勒島と統営本島とは２本の道路で結ばれているが、１９３０年代に造られた東洋初の「海底トンネル」を歩いて渡ってみるのもいい。

統営の海を楽しんだ後は、この土地ならではのグルメを満喫しよう。

ひとつ目は「蜂蜜パン」。

『愛と、利と』で、ソウルへ戻るサンスにスヨンが「統営の名物なの」と土産に持たせたものだ。小麦粉の生地に小倉あんやサツマイモあんを入れて揚げた後、水あめや穀物シロップとゴマをまぶしたあんドーナッツに似たお菓子である。

ふたつ目は「忠武《チュンム》キンパ」。

忠武は統営のかつての呼称。漁師の妻が、漁に出る夫に持たせた弁当から始まったと言われている（諸説あり）。傷まないようにとの配慮から、一口サイズの海苔巻きには具を入れず、辛い味付けのイカとおでんの和え物と大根キムチが別添えされる。

3つ目は「新鮮な海の幸」。

忠武キンパをテイクアウトして、統営最大の鮮魚市場である統営中央伝統市場へ移動しよう。食べたい魚を見つけたら、刺身や鍋など調理法を相談する。交渉成立後は、提携した食堂へ案内してくれる。鮮魚の代金＋つきだし代を含む席料＋調理代金を支払い、鮮度抜群の海の幸を楽しむ。

秋にはコノシロの刺身とハチムフェ（刺身と野菜の和え物）を、春にはトダリスックク（メイタガレイとヨモギの鍋）にカワハギの刺身を堪能した。特にヨモギの香りが広がるトダリスッククは、春の訪れを感じることができる統営ならではの味覚だ。

購入した忠武キンパの持ち込みを許可してもらい、統営三昧の食卓となった。

## ◉夜景もお勧め

市場での食事に大満足したら、その東側にある「トンピラン村」を散策しよう。「東側の崖」を意味するトンピラン村は、かつて立ち遅れた村だった。住宅を撤去し、朝鮮王朝時代にこの場所にあった統制営（水軍を指揮する本営）の東鋪楼《トンポル》を復元、公園にする動きがあった。ところが、村の保存を考えたグループが壁画を描いたところ、たちまち全国から観光客が訪れ、統営の新しい観光スポットとなった。ここからは穏やかな統営の内海を一望でき、ロマンティックな夜景も楽しめる。

また、２０２０年10月、南望山《ナマンサン》公園遊歩道にデジタルテーマパークである「ティピラン」が誕生した。夜間１・５キロの散策路に15のテーマ遊歩道が設置され、美しい光と映像の世界を楽しめるという。

### ●統営へのアクセス

釜山西部バスターミナル（沙上《ササン》）から統営総合バスターミナルまで約1時間30分。

メイタガレイとヨモギの鍋、トダリスッククは統営ならではの春の味覚

トンピラン村からは穏やかな統営の内海を一望できる

# 3 全羅南道

## 心に染みる思い出のタクシードライバー

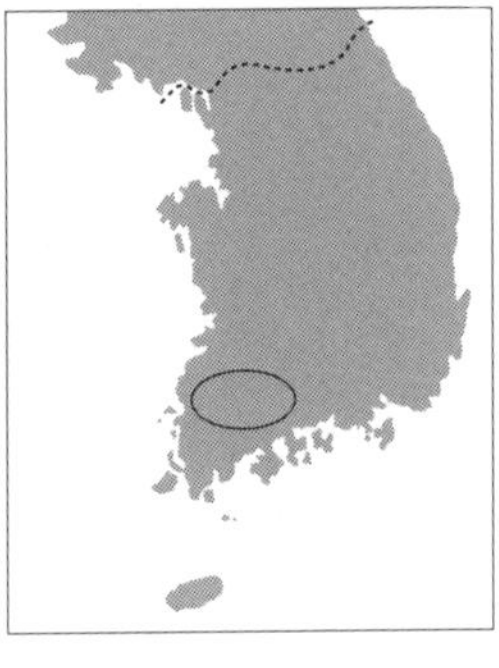

### ◉安くて便利なタクシー

韓国旅行では基本的にバスや列車などの公共交通機関を利用している。しかし、地方に行くと、バスの本数が1日に数本しかないとか、そもそもバスが運行されていないということもままある。そんな時にはタクシーを利用する。

日本に比べて料金が安いのがありがたい。

以前は流しのタクシーが来てくれず困ったこともあったが、最近では「カカオタクシー（Kakao T）」というアプリがあるので助かっている。現在位置と目的地を入力し呼び出せば、全国のほとんどの場所ですぐにタクシーが来てくれる。

タクシーに乗ったときは、極力ドライバーに話しかけるようにしている。生きた韓国語の勉強になるし、なにより地元のドライバーは情報通なので、私の知らない美味しい食堂や穴場の観光スポットなどを教えてもらうチャンスである。ときには日韓関係について話をふられ、答えに窮することもあるが。

数えきれないほどタクシーを利用してきたが、特に心に残る全羅南道でのふたつの出会いを紹介しよう。

## ◉長距離運転の果てに

まずは2017年春のこと。

全羅南道の霊岩《ヨンアム》郡の犢川《トクチョン》で名物のナッカルタン（テナガダコと牛カルビのスープ）のランチを済ませた。

ここから南東に位置する康津《カンジン》と長興《チャンフン》というふたつの郡をまたいで観光する。本数の少ない路線バスを乗り継ぐのは時間がかかるので、犢川のバスターミナルからタクシーに乗車した。

タクシー会社には営業エリアが定められているらしく、かつて別のエリアで長距離運転をお願いしたとき、「異なるエリアへの移動は難しい」と断られたことがあった。しかしこのときは「同じ市外局番のエリアだから、郡をまたいでも問題ない」と言われてホッとする。

寺院、茶畑、庭園、ヒノキの森と約65キロの距離を2時間15分かけて回ってくれた。タクシー旅が後半に差し掛かった頃、白髪の年配ドライバーが身の上話を始めた。

1972年から3年間、ドイツの炭鉱で働いたことがあるそうだ。映画『国際市場で逢いましょう』でファン・ジョンミンが演じたドクスと同じ経験を積んだということだ。

そして、2年前には胃ガンの手術をしたそうだ。そう言われてみれば、ほっそりとやせ型の体型だった。

そんなこととは露知らず、長距離運転をお願いしてしまったことに罪悪感を覚えた。

それにもかかわらず、長興のバスターミナルで別れるときに「今日は本当にありがとうございました」ととても感謝されてしまった。

料金が9万6千ウォンだったのでお礼も含めて10万ウォンを渡したところ、「冷たいジュースでも買ってね」と1万ウォンを返してくれた。

温かい心遣いに胸がほっこりするとともに、これからも末永く健康でいてほしいと願った。

## ◉粋な女性ドライバー

ふたつ目は、2022年11月に光州《クァンジュ》のバスターミナルから全羅南道の潭陽《タミャン》にある「瀟灑園《ソセウォン》」という韓国三大民家庭園のひとつまでタクシーに乗車したときのこと。

韓国では珍しい女性ドライバーだった。

話し方がキム・ミギョンにそっくり。『医師チャ・ジョンスク』でオム・ジョンファが演じる主人公、チャ・ジョンスクの母親を演じているあの女優だ。

「市をまたぐので、市外料金がかかる」と言われたが、21キロ、45分以上の距離を3万5千ウォンで連れて行ってくれるなら安いものである。

長距離のお客へのサービスだろうか？　運転が大好きだというドライバーが、「朝ご飯食べた？　コーヒーは？　私がご馳走してあげる」と矢継ぎ早に質問してきた。

途中のカフェで車を停め、テイクアウトしたアイスコーヒーとクッキーをご馳走してくれた。

炭鉱での労働と大病という苦労を重ねた優しいタクシードライバーとの出会い

まるで母親のようにいろんなものをご馳走してくれた粋な女性ドライバー

「ドライバーさんは朝食召し上がったんですか？」と尋ねると、「食べたよ。朝はパンなんだ」とさらっと答えた。

さらに、柿を販売する露店を見つけると、「柿食べる？　私が買うから分けてあげるよ」と言うや、さっさと車から降り、ポリ袋がパンパンになるほどの柿を買って車に戻ってきた。

「甘いから食べてごらん」と試食用の柿を差し出す。確かにとても甘くて美味しい柿だった。

つやつやと光る立派な柿５個を余分にもらったポリ袋に取り分けて、「はいよ」と私にくれた。

お礼に差し上げたミニタオルを嬉しそうに受け取ったときの笑顔が忘れられない。

目的地に到着し私を降ろすと、風のように去っていったその姿に「粋」を感じた。

# 4 瑞山

## 仏教伝来の道で百済の微笑みと対面し、稀少な郷土料理に舌鼓

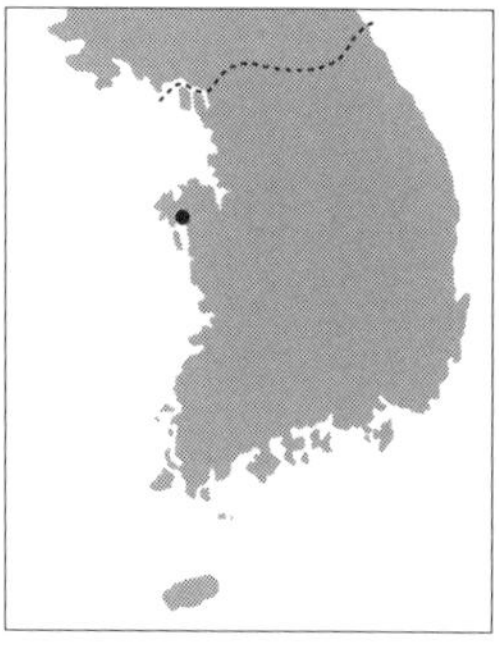

### ◉干潮時のみ参拝できる庵

2016年5月、到着した金浦《キンポ》空港からリムジンバスで向かったのが、韓国中西部の忠清南道《チュンチョンナムド》にある瑞山《ソサン》だ。ここに、引き潮の時にだけお参りできる庵《いおり》がある。

路線バスに乗り換え、瑞山南部の浅水《チョンス》湾《ス》にある「看月庵《カノラム》」に到着。朝鮮王朝時代に無学《ムハク》大師が「月を見ながら悟りを開いた」ことから、命名したといわれている。

海岸線から伸びた砂浜の先に庵が建っているため干潮時は陸とつながるが、満潮時は参道が海に沈み、庵のある場所は水に浮かぶ島のように見える。参拝するためには事前に看月島港の潮汐表を調べ、干潮時を狙う必要がある。

到着したのが満潮から1時間程度しか経過していない時刻だったので、参拝できない可能性があったが、運良く庵への道が開けていた。はやる気持ちを抑えながら砂浜を歩き、念願の庵に到着したときには感無量だった。

東海岸の海に比べ西海《ソヘ》はとても穏やか。夕刻には水平線に沈む美しい夕日を楽しむことができ

る。

西海岸といえば、遠浅の海に棲むワタリガニを使ったカンジャンケジャンが有名。特に春は産卵前の卵を抱えたメスのワタリガニが美味しい季節だ。

夕食に利用した食堂では、カニの風味が豊かなお粥から始まり、たくさんのパンチャン（おかず）が並ぶカンジャンケジャンの定食を楽しんだ。カニの甲羅にご飯を入れカニの身や卵を混ぜて食べると、ご飯がいくらでも入ってしまう。まさに「ご飯泥棒」だ。

店主に日本から来たことを告げると、本来2人前からの注文となる定食を1人前で受けてくれたり、特産品のパプリカを3個もプレゼントしてくれたりと、とても親切に対応してくれた。

## ◉百済の微笑みと対面

翌日は路線バスで稀少な石仏を参拝に出かけた。

中国の仏教文化は、瑞山がある泰安《テアン》半島を経由し、百済の都が置かれた現在の公州《コンジュ》や扶余《プヨ》へ伝来したといわれている。

その証拠ともいえるのが、瑞山の東側の山中にある「瑞山龍賢《ヨンヒョン》里《ニ》磨崖如来三尊像」。百済後期の作品にもかかわらず、壁面が80度下に傾いていたため雨風に侵食されることなく残されているそうだ。

1958年の文化財現場調査にて発見と、存在が明らかになってからの歴史は意外と浅い。

本尊の釈迦如来立像を中心に、右側には弥勒半跏思惟像、左側には提華褐羅菩薩像の3体が現存

干潮時だけ参道が現れて参拝することができる看月庵

「百済の微笑み」と呼ばれる瑞山龍賢里磨崖如来三尊像は一見の価値あり！

する。

「百済の微笑み」と呼ばれる3体の仏像の表情は、光が照らす方向によって変わると言われている。特に夕方は慈悲深い微笑みを見ることができるそうだ。

「かつてここにはお寺があったんですか？」と文化解説士の方に質問してみたところ、「そのように推測されてはいますが、はっきりとした記録はないんですよ」との答え。

静かな山間に残された仏教伝来の記録、これは一見の価値がある。

## ◉稀少な郷土料理

その後、開心寺《ケシムサ》、海美邑城《ヘミウプソン》と回り、「チャンウォンコッケジャン」という食堂で鍋料理を食べた。三枚に下ろして塩を振ってから天日干ししたクロソイを、小エビの塩辛と大根を入れた米の磨ぎ汁で煮込む瑞山の郷土料理。天日干しすることでクロソイの旨味が凝縮していて、あっさりしているのに味に深みがあるスープが美味しい。

店主いわく、「昔は海岸沿いにこの鍋を出す食堂がずらっと並んでいたんだけどね」。

今では提供している食堂がわずかしか残っていないそうだ。幻の味とならぬよう、この美味しい味をいつまでも守り続けてほしいと強く願う。

### ●瑞山へのアクセス

ソウル高速バスターミナルから瑞山共用バスターミナルまで約1時間50分。

# 5 鉄道旅行 食堂車の喧騒はまさに人生の賑やかな瞬間！

## ◉車窓からの風景を楽しむ

韓国を隅々まで旅することは、五感を研ぎ澄ませて生きることだった。

同時に、埋もれていた感情を思いのままに甦らせることでもあった。

何が悲しくて自分を抑えなければならなかったのか……そう気づいたときに真っ先に行きたかったのが韓国だ。

空港に着いてタクシーに乗って運転手さんの歯切れがいい政権批判を聞く……ああ、韓国に来たなあ、と実感する。

人通りの多い地下鉄の乗り換え通路で前から来た人が次々にぶつかってくる……韓国ではぼやぼやしていられない、と用心する。

市場の飲み屋で頼んでもいないのにツマミの量を大盛りにしてくれる……これが韓国なんだなあ、と納得する。

そんな経験をしながら韓国の旅を満喫していて、特に鉄道で一番好きだったのが「ソウルの清《チョン》涼里《ニャンニ》駅から南下する中央線の車窓旅行」であった。

漢江《ハンガン》の流れを見ながら車窓からの風景を満喫できる路線となっていて、韓国鉄道の在来線では「乗っていて本当に気分がいい鉄道」であった。

日本の在来線は狭軌が中心であってレール幅が狭い。それに比べると、韓国の在来線はレール幅が広くてその分車両もゆったりしている。一般車でもグリーン車のような居心地の良さがあったのだ。

その座席でビールを飲みながら、車窓からの風景を楽しむ満足感を想像してみてほしい。鉄道好きにはたまらない快感であった。

## ◉食堂車がカラオケルームと化す

鉄道旅行といえば、「もう二度と味わえない一期一会」をしきりに思い出したりする。

あれは、2001年の9月のことだ。ソウルから釜山に行くムグンファ号は満席だった。仲間数人と立席特急券を持っていたが、座れる席はなかった。立ちっぱなしで5時間くらい行かなければならない。

狙ったのが食堂車だ。発車前から席を確保して、すぐにビールを注文して延々と粘った。何時間経っても追い払われないからそのまま居座ったが、テーブルには空のビール瓶がどんどん増えた。酔うほどに饒舌《じょうぜつ》になり、居合わせた旅行客と話がはずんだ。そこで出会った人たちは、情が深いし天真爛漫だった。旅行中という気安さがあったからかもしれないが、韓国の人とはすぐに親しく

今の韓国の鉄道旅行は高速鉄道のKTXが中心になっている

韓国の鉄道で食べる駅弁も格別の味がある

なれる、という雰囲気があった。

このように韓国人と会話を重ねながら感じたのは、この国に住む人たちは自分の気持ちを強く主張しないとストレスになってしまう、ということだ。

それゆえ、ただ黙っているわけにはいかない。対人関係において阿吽《あうん》の呼吸は要らないのだ。肯定するか否定するか。そこをはっきりと言い切らないと、その先に進めない。

逆に言うと、韓国人が持つ「あけっぴろげな性格」は、人づきあいにおいて我慢しないということが根底にあるのだ。

ただし、韓国に留学していた女性がこんな話をしていた。

「地下鉄に乗るときにマナーを守らない人が多い。そして、トイレで順番を待っているとき、こっちは必死に我慢しているのに、平気で順番を守らない人がいる。しかも、おばさんだけでなく若い人でも並ばない」

この腹立たしさは痛切だ。トイレだけはのんびり我慢しているわけにもいかない。その恨みはよくわかる。

やがて、仲間の1人が持っていたギターを弾いて歌いだした。アメリカのフォークソングや日本の流行歌など。韓国の人たちも手拍子で応えてくれて、いつのまにか食堂車全体が派手に盛り上がるカラオケルームになっていた。

今から考えたら、なぜあんなことができたのか。ソウルから大邱《テグ》まで延々と食堂車を占拠して、ギターで歌合戦まで披露していた。

あんな楽しいことは滅多になかった。まさに一期一会の瞬間。そんな時間を許容してくれた当時の韓国のおおらかさは本当にありがたかった。

今は、韓国の鉄道も「スピードの時代」になっている。

高速鉄道ＫＴＸの路線が増え、どこへ行くにもＫＴＸの世話にならなければならない。早く到着したいときは本当に助かる。しかし、座席が狭く、かつての特急セマウル号や急行ムグンファ号が持っていた「ゆったりした座席で車窓からの風景を楽しむ」という快感が得られなくなった。

私にとって鉄道は「どこかへ行くときの手段」というより「乗っていること自体が目的」という側面があった。それが失われてしまったが、昔を懐かしんでいるだけでは鉄道に未来はない。韓国のＫＴＸがさらに発展すれば、高速鉄道時代にふさわしい楽しみ方もたくさん経験できるようになるだろう。

# 6 高城

## 北方の伝統村と並んででも食べたい最高の味

### ◉寒冷地ならではの工夫

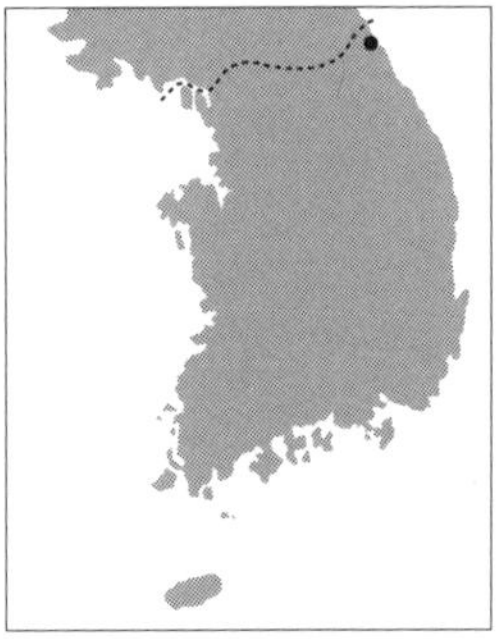

韓国北東部にある江原《カンウォン》特別自治道の中でも、最も北に位置するのが高城《コソン》郡だ。

ここには寒冷地域ならではの工夫が施された伝統村、「高城旺谷《ワンゴク》村」がある。楊根咸《ヤングンハム》氏と江陵崔《カンヌンチェ》氏を中心とした同族村だ。

19世紀前後に建てられた「北方式伝統韓屋」が現存し、現在でも60名ほどが暮らしている。

当時は、儒教の教えにより男女は別々の建物で生活していた時代。互いの生活空間へ行き来するにはいったん屋外に出る必要があるが、寒冷地域ではそれもままならない。

そこで、男女の居住空間と台所を同じ建物内に設計したのが北方式伝統韓屋である。

馬小屋へも室内から移動できるし、一般の伝統韓屋に見られるマルと呼ばれる縁側もない。

藁葺き屋根の家には、煙突の上にハンアリと呼ばれる甕《かめ》が伏せて置かれている。これは煙突から出た炎が藁に燃え移るのを防ぐとともに、熱気を家の中に取り戻す役割があるという。

貴族階級である両班《ヤンバン》の住まいの瓦葺き韓屋と使用人が住んだ藁葺き屋根の家屋は、歴史的・学術的価値が高いと認められ、国家民俗文化財に指定されている。

この村の中でカン・ハヌル、パク・ジョンミン出演の映画『空と風と星の詩人 尹東柱《ユンドンジュ》の生涯』の撮影が行われた。

瓦葺き伝統韓屋の1軒は、満州の間島にある東柱（カン・ハヌル）の実家として登場。従兄弟の夢奎《モンギュ》（パク・ジョンミン）と乗ったブランコや、アジトとして登場した精米所も存在する。

美しく咲く四季折々の花やスクスクと育つ農作物を眺めながら、自然に囲まれた村の中を散策すると心が洗われるようだ。

## ◉大人気のメミルグクス

高城に出かけたら、ぜひ立ち寄ってほしい美味しい食堂がある。

杆城《カンソン》バスターミナルからタクシーで15分ほどの「栢村《ペクチョン》マッククス」。週末には開店時刻の10時30分前から長蛇の列ができるほどの人気店だ。

メニューはメミルグクス（冷たい蕎麦）とピョンユク（茹で豚）の2種類のみ。

メミルグクスは、手まりのようにきれいにまとめられたククスにトンチミ（大根の水キムチ）の漬け汁をかけて食べる。

一口食べた瞬間に蕎麦の風味が口いっぱいに広がる、香り豊かな麺料理だ。からしを添えると、さらに美味しさが引き立つ。

花びらのようにきれいに盛りつけられたピョンユクは、熱々の状態で出してくれるのが嬉しい。

脂身と赤身のバランスがいい茹で豚からは、心地よい韓方の香りがたつ。小エビの塩辛や味噌を少し付けたり、大根の葉のキムチや白菜キムチ、ちょっと甘めのスケトウダラの和え物と一緒に食べたりすると旨さが倍増する。

並んででも食べる価値のある高城のふたつの味だ。

**●高城へのアクセス**

東ソウル総合バスターミナルから杆城バスターミナルまで約2時間30分。

高城旺谷村にある北方式伝統韓屋は、寒冷地域ならではの工夫が施されている

並んででも食べたい人気店「栢村マックッス」の香り豊かなメミルグクスと美味しいピョンユク

# 7 清州

## 文化財の宝庫！海なしエリアの歴史と独自グルメを満喫

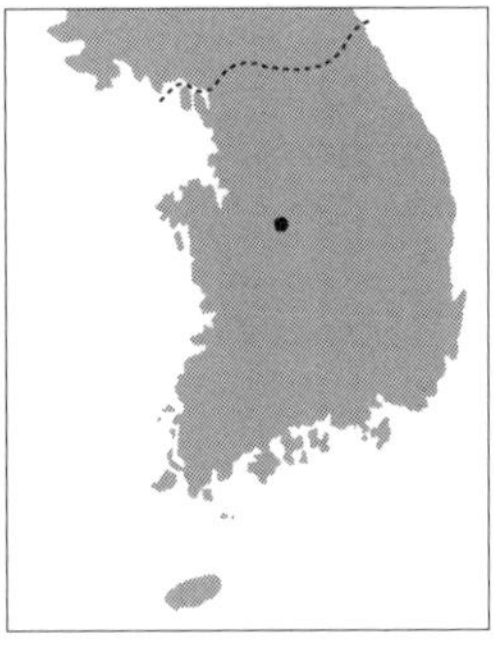

### ◉三国時代の戦場

ソウルからバスで約1時間30分、メタセコイヤの並木道を抜けると、まもなく清州《チョンジュ》市外ターミナルに到着する。

清州は、韓国中央部に位置する忠清北道《チュンチョンブクト》の道庁所在地である。観光客に大人気の「スアムゴル」は、朝鮮戦争の避難民たちにより形成された村だ。ソ・ジソブ、ハン・ジミン出演の『カインとアベル』にこの村の壁画が登場したことにより、国内外を問わず大勢のドラマファンが訪れるようになった。

その後、ユン・シユン、チュウォン出演の『製パン王キム・タック』の舞台となったパルボン製パン店がここに建てられた。現在もベーカリーとして営業を続けている。

清州は、三国時代に百済・新羅・高句麗が熾烈な争いを繰り返し、統一新羅時代まで軍事的要衝として地方行政の中心地だった場所だ。

「国立清州博物館」には、忠清北道から出土した先史から朝鮮王朝時代の遺物が展示されている。

スアムゴル壁画村の入口にある『製パン王キム・タック』のロケ地「パルボンベーカリー」

醬油ベースのソースに浸してから焼く清州式サムギョプサル「シオヤキ」

歴史好きなら、三国時代の出土品の特徴を見比べるのも面白いだろう。
博物館の建物が、有名建築家の金壽根《キムスグン》による設計であることも興味深い。

## ◉文化財の宝庫

かつての城郭の北門と南門を結ぶソンアンキル（城内路）周辺は、繁華街になっている。その近くの広場に1本の鉄製の棒がそびえている。

ここは高麗時代に建立された龍頭寺《ヨンドゥサ》の址で、鉄棒は祈禱など行事があるときに幡《はた》を掲げる幡竿だったもの。国宝に指定されるほど貴重な文化財にもかかわらず、風雨にさらされた状態で屋外に設置されていることに驚いた。

その近くにある「清州中央公園」には、楼閣や石碑など様々な文化財がある。

この公園でソン・ヘギョ主演の『ザ・グローリー～輝かしき復讐～』の撮影も行われた。ムン・ドンウン（ソン・ヘギョ）が整形外科医のチュ・ヨジョン（イ・ドヒョン）から囲碁の手ほどきを受けた公園として登場する。その背景に映し出される四季折々の風景が、大変美しく印象的だった。

清州に来たら必ず訪ねてほしいのが「清州古印刷博物館」だ。

1377年に興徳寺《フンドクサ》で金属活字を使った最古の出版物『直指』が印刷されたことにちなみ、その寺院址に建てられた博物館。

1枚の板に直接文字を刻む木版印刷に比べ、活字を組みかえることで何度も使用できる金属活字の誕生は画期的なことだった。

博物館に併設されている「金属活字伝授教育館」では、無形文化財の金属活字匠による金属活字鋳造の実演を見学できる。高熱でドロドロに溶かされた金属を型に流し込む姿は圧巻だ。

中心部から離れているが、大清湖《テチョンホ》の湖畔には、20年間にわたり歴代大統領の別荘として使われた「青南台《チョンナムデ》」がある。湖を見渡せる五角亭や噴水のある蓮池など広大な敷地内に多数の見所がある。

## ◉清州ならではのグルメ

かつて城郭の西門があった場所には西門《ソムン》市場がある。この市場の北側入口付近にある「西門うどん」は3代続く老舗だ。

入口を入ると右手にパン売り場がある。ほとんどの客が、注文したうどんとともに、購入したパンをイートインするのだ。

私も他の客を真似してアンドーナツを購入し、西門うどんと一緒に食べてみた。昆布と煮干しの出汁が効いたうどんの汁がとても美味しい。

食べる前はパン＋うどんという炭水化物の2乗はいかがなものかと思っていたが、甘いアンドーナツと汁のしょっぱさが意外にも合う。

うどんに入っている甘辛く味付けされた刻み油揚げは、なんとも懐かしい味だった。割と柔らかめのうどんを含めて癖になる味だ。

腹ごなしを兼ねて西門うどんから20分ほど南東へ歩くと、ユッコリ総合市場がある。食料品から日用雑貨まで千軒以上の店舗が軒を連ねる市民の台所だ。

この市場でお勧めしたいのが「即席手作りおこげ」。間口半間ほどの露店「玄米堂《ヒャンミダン》」で販売している。

米を高温プレス機でぺちゃんこに加熱した煎餅で、国産の玄米や黒米を使っている。素朴ながらも穀物そのものの旨味を感じられるのでお気に入りだ。

夕食には清州式サムギョプサルである「シオヤキ（시오야끼）」を味わってほしい。「シオヤキ」とは、厚めにカットした豚の三枚肉を醤油ベースのソースに浸してから、アルミホイルを敷いた鉄板で焼いて食べるもの。

ソースの材料は店によって異なるが、私が訪ねた食堂では玉ねぎなど10種類以上の野菜、韓方薬剤、醤油を煮込んだものを使っていた。

長ネギのサラダやニンニクとともにサンチュやエゴマの葉に巻いて口にほおばる。醤油ベースのソースの効果かさっぱりと食べられる。

**●清州へのアクセス**

ソウル南部バスターミナルから清州市外バスターミナルまで約1時間30分。

# 8 出会った人々
## この楽しみがあるから韓国の旅はとても面白い！

### ◉現実的すぎる韓国

旅人にとって、韓国は劇場だ。

そこに住む人たちが登場人物なのだ。

演出家はいない。視点を変えた旅人が自ら演目を決めて、目に入る人たちが演者となる。

展開としてはスリリングだ。

次に何が起こるかわからない。そんなときめきが、韓国の旅には潜んでいる。

あるとき、特急セマウル号に乗った。車内はガラガラであった……というより、客が1人しかいない車両だった。

その年配の女性は周りをキョロキョロ見ていた。いかにも、指定席券を持っていないので車掌の検札を警戒しているそぶりだった（セマウル号は全席指定であった）。

「そういう人もいるよね」

そう思いながら、自分の指定席券の場所を探すと、まさにそこに女性が座っていた。

私はすぐに声をかけた。

「すいません。そこは私の席なんですけど」

女性の態度が豹変した。車内をグルリと見回すように首を振りながら、「車内はガラガラでしょ。どこでも好きな席に座ればいいじゃないの」と強く言ってきた。

さきほどのオドオドはなくなり、堂々たる叱責の言葉であった。

思わぬ言葉で動揺した。

すぐにどいてくれるという予想は裏切られた。しかし、もめても仕方がない。言われた通り、適当な席に座って落ち着こうとした。

冷静になれば、女性の言う通りだと思えた。車内には2人しかいないのだ。自分が指定席券を持っているからといって、何も女性をどかす必要はなかったのだ、と。

「現実を見よ！」

決まりきったことに固執するのではなく現実を見て柔軟に判断したほうがいい、ということだ。

これは、その後に「あまりに現実的すぎる韓国」に行く際の教訓になった。

## ◉やはり野に置けレンゲソウ

釜山の繁華街の強烈な賑わいを思い出す。その中で客が集まっていた屋台があった。

港町らしく外国の船員たちがその屋台を囲んで、鉄板の上に焼いた肉や野菜を食べながら酒を飲んでいた。

左：露店で商売している人々に話しかけるのも楽しい
下：市場を見て回るのが本当に好きだ

楽しそうだったから、私も客の中にまじって雰囲気を味わった。

屋台の女性が言った。

「この商売で娘をアメリカに留学させたのよ」

すごいバイタリティを感じさせる言葉だった。

次々と注文を言ってくる客に対して、彼女は英語を駆使してテキパキと対応していた。とにかく、繁華街の中でも屋台の周りは大変な熱気だった。

数年後のことだ。

同じ通りを歩いたときに、その屋台はなかった。「あれだけ繁盛していたのにどうしてだろう?」と不思議に思っていたのだが……。

ふと視線の先にしゃれた食堂の中が見えて、たまたま中にいた女性と目が合った。

「あの屋台のアジュンマだ」

そう直感した。例の女性がポツンと1人、寂しげに店の中から外を見ていたのだ。

そうか、屋台で成功して、ついに自分の店を開くことができたのか。

とても品のいい食堂のように見えた。しかし、客は1人もいなかった。それで、女性が寂しそうにしていたのだ。

屋台のときに客があれだけ集まっていたのは、安くて旨い料理を食べながらワイワイと肌を寄せ合って酒が飲めたからだろう。

屋台には開放感があふれていた。長い船旅で中継地に来た船員たちにとっては、あの立ち飲みが心休まる場所であったのだ。

それが普通の店になり、おそらく値段も高くなり開放感もなくなったので、客足は一気に消え去ってしまったのかな。

つまり、屋台で成功して自分の店を持つという夢を叶えた結果、かえって客が遠のく理由になったのかもしれない。「やはり野に置けレンゲソウ」という言葉を思い出す。

## ◉タバンで聞く身の上話が楽しい

韓国でいろいろな人に会ってきたが、地方を回っていていつも気になっていたのが「タバン」の存在だ。

漢字では「茶房」と書くのだが、昔ながらの喫茶店のことだ。酒を出してはいけない決まりになっているので、客が飲むのはコーヒーやソフトドリンクだけだ。

30代か40代の女性が1人で切り盛りしているタバンが小さな町によくあって、そこに地元のアジョシ（おじさん）たちが集まってきておしゃべりをしている。そういう光景をひんぱんに見てきた。

女主人に聞いてみると、大都会から流れてきたワケありの女性が多かった。

彼女たちの身の上話を聞いていると、韓国では30代以降の独身女性が何かと暮らしにくいことが感じられた。

1人で生きていくのは大変なんだろうなあ、と彼女たちの背景を想像してしまう。

たとえば、ある島の港のそばでタバンを開いていた女性はこう言っていた。

「離婚して1人で暮らしているとき、この島で結婚した友だちからタバンをやってみないかと勧められたのよ。まったく知らない土地で不安だったけど、人生どうにかなるさと覚悟してここにやってきたの。訛《なま》りで苦労したけど、お客さんはいい人ばかりだし、暮らしも私に向いているから、まあ気に入っているわ。店の契約は1年。もうすぐ更新の時期だけど、また契約しようと思っている」

こういう話を、気安い雰囲気でニヤニヤしながら聞いているときの心境を想像してみてほしい。旅先で聞く身の上話というのは、傑作の映画を見てきたような充実感がある。

この手の話を聞いた後、タバンを出て見知らぬ町で家並みや通り過ぎる人を眺めている……その瞬間がたまらなく好きだった。

叶わぬことが多い人生だが、可能ならば、旅先で出会ったタバンの彼女たちにもう一度会ってみたい。

もうとっくに他の町に移っているかもしれないが、彼女たちがどこかで必死に生きていると想像できれば、すべてが甘い追憶になってくれる。

第3章

# 夢にまで見た「島の旅」を堪能する

# 1 鬱陵島

## 手つかずの自然美と島民の温かさを実感！

### ◉苦労の末憧れの島へ

韓国には470ほどの有人島がある。中には本土と橋で連結されているところもあるが、それ以外は船での移動となる。そのため島への旅は天候に左右されやすく、スケジュールにゆとりがないと実行するのはなかなか難しい。

それでも私は、ロマンを求めて島に渡りたくなってしまう。

そんな島旅の中で最大の達成感を得られたのが、慶尚北道の鬱陵島《ウルルンド》への旅だった。

鬱陵島は江原特別自治道の江陵《カンヌン》から約178キロ、慶尚北道の浦項《ポハン》から約217キロ東の沖合に位置する（参照／鬱陵郡観光文化ホームページ観光案内地図）。

人口約9千人、面積約73平方キロ。片道3時間～3時間半の船旅を要するが、年間40万人もの観光客が訪れる人気の島だ。

長年訪問する日を夢見ていたが、2016年7月に遂に実現。翌2017年8月には二度目の訪問も果たした。

初回の旅では船旅ならではの辛い洗礼を受けた。出航当日は、運悪く土砂降りの大雨。念のために酔い止め薬を飲んで、片道3時間半の船旅に臨んだ。

出航するや船底から叩きつけるような荒波がフェリーを襲い、まるで遊園地のバイキングのように船体が大きくアップダウンする状態が続いた。目を閉じて下を向き眠ってしまおうと思うが、あまりの揺れに眠ることすら許されない。ただひたすら無事に到着するよう祈るのみ。

幸いにも体調に異変はなく、鬱陵島に到着した時にはホッとすると同時に、島で過ごす期待感に胸がワクワクした。

## ◉島民たちと自然美が魅力

島には本土からのフェリーが発着する港が3か所あるが、その日到着した沙洞港《サドン》は、繁華街から離れた寂しい場所にあった。繁華街のある道洞港《トドン》へ移動するバス停の場所を尋ねた男性が、偶然にもマイクロバスで観光ツアーを主催しているドライバー兼ガイドだった。親切にも自分のバスで道洞港まで送ってくれるという。

これからモーテルを探すと告げると、ハルモニ（おばあさん）が経営する民宿を紹介してくれた。おかげで相場よりかなり安く良い宿に泊まることができた。

二度目の旅でも同じ宿を利用した。

生まれてから一度も島を出たことがないという主人のハルモニ。とても世話好きで、お勧めの食堂へ連れて行ってくれたうえ、私が食事をする間も待っていてくれた。

鬱陵島から15分の竹島《チュクト》へ出かけると告げると、フェリーのチケット売り場で「うちのお客さんなのでよろしく」と、私のことを紹介してくれもした。

最も感動的だったのが、チェックアウトまでの時間にお茶を持って私の部屋に来てくれ、話し相手になってくれたことだ。

この島ならではの自然が作り出した美しい景観も、私の心を鷲づかみにした。

海岸沿いには、波の浸食で形成された荒々しく不思議な形の岩や洞窟がある。山側には流れ出した溶岩が固まってできた独特な地層や自生のイブキなどの樹木が見える。冷たい地下水の冷気が地上へ流れ出る風穴や、島民の飲料水としても使われている大滝など、手つかずの自然に魅了された。

鬱陵島には砂浜がないため、海を間近に感じることができる。

特にお勧めなのが、観音島《クァヌムド》の吊り橋から見る三仙岩《サムソナム》。海から突き出た3つの岩が、グーチョキパーの形に見えるのが面白い。

## ◉島ならではのグルメ

そして島旅最大の楽しみは、鬱陵島ならではのグルメだ。

まずは、水揚げされたばかりのイカの内臓を使ったネジャンタン（イカの内臓スープ）。鮮度抜群だからこそなせる業《わざ》。塩味ベースのスープは、パンチの効いた唐辛子の辛さがアクセントになっている。

海岸沿いには波の浸食で形成された不思議な形の岩がある

水揚げされたばかりのイカの内臓を使ったネジャンタン

フジツボ入りのカルグクス（手打ちうどん）もこの島ならではの味。平たい楕円形をしたフジツボは、磯の香りとしっかりとした食感を楽しめる。煮干し出汁の効いたスープとの相性も抜群だ。

海産物だけでなく、この島ならではの牛肉もお勧めだ。

鬱陵島だけに自生するという薬草で育てた薬牛《ヤクソ》は、肉質が良く栄養価も高い。たくさん食べても胃もたれしないのは、やはり薬草の効果だろうか。

かつて航海士だったという「郷牛村《ヒャンウチョン》」の店主が、翌日牛を放牧している牧場を見せてくれると言ったのだが、タクシー観光の予定があり実現できなかったのが悔やまれる。

他にも春菊に似た香りのゴマナや茎がシコシコとした食感のヤマブキショウマなど、鬱陵島ならではの山菜も楽しめる。特産品のかぼちゃで作ったマッコリやナナカマドの薬酒も独特だ。

島民の温かさ、美しい景観、島ならではのグルメを求めて、いつかまたこの島を訪ねたいと思っている。

**●鬱陵島へのアクセス**

江原特別自治道の江陵港・墨湖《ムコ》港（東海市）、慶尚北道の厚浦《フポ》港（蔚珍《ウルジン》郡）・浦項港の客船ターミナルからフェリーで約3時間～3時間半。

# 2 青山島

## 青々とした麦畑を囲むカラフルな民家がとても印象的！

### ◉ドラマの映像で見た通りの美しい島

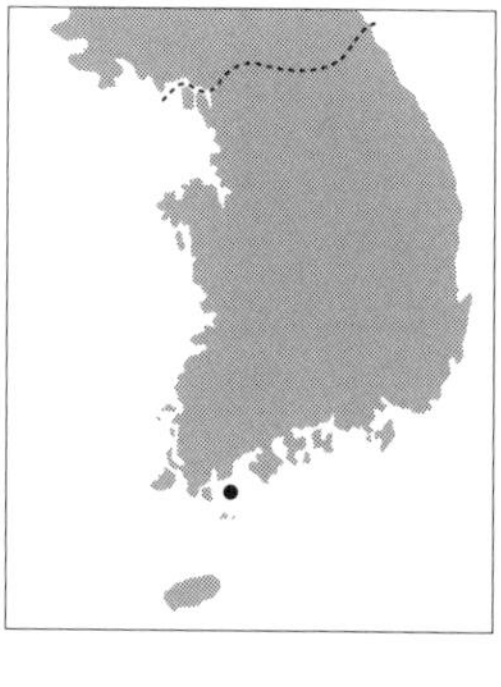

韓国はイリュージョンなのか。

言葉を換えれば、単なる幻想に過ぎないのか。

留学してきて韓国を変に理想化していた人に会ったことがある。

「実際に住み始めてからはいろいろな面が見えてきて幻滅しました。でも、日本に帰るつもりはなかったですね。意地でも我慢しよう、と。あれだけ好きな韓国にようやく住むことができるようになったのですから。念願が叶ったのに、本当に韓国が嫌いなわけがないと思ったんです」

幻滅したのは、気兼ねなく相手にどんどん踏み込んでくるからだった。細かいことをズバズバ聞いてくるとか、ノックもなしに突然部屋に入ってくるとか。韓国の人は何ごともストレートだ。

しかし、それはソウルでの体験にすぎないだろう。地方に行くと、韓国への印象も随分と違うものになるはずだ。

たとえば、全羅南道《チョルラナムド》の青山島《チョンサンド》。ここはどこまでも懐かしいところだった。

「すぐにでも行きたい」

素直にそう願ったのは、ドラマ『春のワルツ』で見た景観の数々がとても印象的だったからだ。そして、実際に青山島に行ってしみじみ思ったのは、「ドラマの映像で見た通りの美しい島だ」ということだった。

今までの経験でいうと、「テレビで見たときは素晴らしいが、実際に行ってみるとガッカリ」ということも少なくなかった。映像はいかようにも調整することができるからだ。

しかし、青山島は違う。この島は、テレビで見たとき以上に見どころが多い。自然の風景が美しく、家並みがロマンチックで、人間が牧歌的……まるで、50年前にタイムスリップしたような光景が随所に見られて、心が温かくなる。

今の韓国は各地で開発ラッシュが続き、地方も大きく様変わりしているが、この青山島は離島であることから、拙速な開発とは無縁だった。そのために島の住民は不便が多かったかもしれないが、美しい風景がそのまま残っている。

青山島の場合、『春のワルツ』だけでなく、映画『西便制《ソピョンジェ》』やドラマ『ピノキオ』のロケ地となっている。ロケ地として多用される理由は青山島に行けばわかる。どこへ行っても風光明媚な島なのである。

## ◉菜の花を通して見える海が絶景

青山島は、朝鮮半島南西部のフェリー拠点のひとつになっている莞島《ワンド》から、船で40分の距離にある。「海釣りの天国」という異名を持つこの島の面積は約33平方キロメートル。車なら1時間もあれば島の隅々を回れるほどだ。

島には、300メートル台の峰がいくつもあり、島全体がうねっているように起伏がある。それがまた、独特の段々畑を形成していて、変化に富んだ景観に結びついている。

タクシーに乗って、島の名所に案内してもらった。運転手さんは30代の男性で、おだやかな雰囲気を持っていた。

早速、『西便制』の撮影に使われた民家まで連れて行ってもらった。

「他から来る人がよく言うんですよ。1960年代の風情をこれほど残している場所も珍しい、と」

運転手さんはそう言った。

やがて、『西便制』でロケに使われた民家に着いた。

藁葺き屋根の古い民家だった。映画のワンシーンを再現するような、主人公たちの「そっくりさん人形」も作られていた。

そもそも『西便制』は1993年に制作された映画だ。日本では『風の丘を越えて』というタイトルが付けられていた。パンソリ（朝鮮半島伝統の謡曲）を歌う旅芸人の話で、パンソリを究めるために父親が娘を盲目にさせてしまうという映画だった。

『西便制』では旅芸人の親子3人が、小道で「珍島アリラン」を歌いながら陽気に踊るシーンがあったが、それも青山島の田舎道で撮影された。

実際、遠くに見える段々畑に続く小道が、素晴らしい景観を作り出していた。まさに名画の舞台にふさわしかった。

その後は、『春のワルツ』でも何度も出てきた菜の花畑に行った。菜の花が満開だった。その菜の花を通して見える海の景色は絶景だった。

周囲には、青々とした麦畑が随所に見えた。その麦畑を囲むように、青と赤の色に彩られた民家があった。どれも美しい世界だった。

さらに、青山島の北西にある池里《チ リ》海岸が良かった。1キロメートルにわたって白い砂浜と松林の組み合わせを堪能できた。

泊まったのは、港近くの旅館だった。夕食時には50代の夫婦が切り盛りしている店に行き、アワビのお粥を注文した。アワビの身と肝がゴマ油によってお粥になじんでいた。大いに満足して旅館に戻った。

窓を開けると心地よい波の音が聞こえてくる。本当に気持ちが落ち着いた。

青山島の風景に魅せられる

菜の花畑の向こうに『春のワルツ』に登場したハウスが見える

# 3 黒山島
# 私を救ってくれた天使との出会い

## ◉ひと筋縄ではいかない島旅

韓国南西部にある全羅南道の新安《シナン》郡には、有人・無人合わせて1004の島があるといわれている。韓国語で「1004（천사）」と同じつづりの「天使（천사）」にかけて、新安のキャッチコピーは「天使の島」である。

その中のひとつ、黒山島《フクサンド》で夢のような体験をした。

黒山島へのフェリーは、新安に隣接する木浦《モッポ》港から発着している。ここから南西へ約97キロ、約2時間の船旅となる。

人口約2千人、面積約20平方キロと鬱陵島よりさらに小さな島。朝鮮王朝時代にはカトリック信者たちの流刑地だったという歴史がある。

2018年11月に訪問したのだが、その2か月前の同年9月には悪天候のため予約したフェリーが欠航になるというアクシデントに見舞われた。

リベンジの旅へ出発する朝、またもや高波のため予約したフェリーの欠航が決まった。

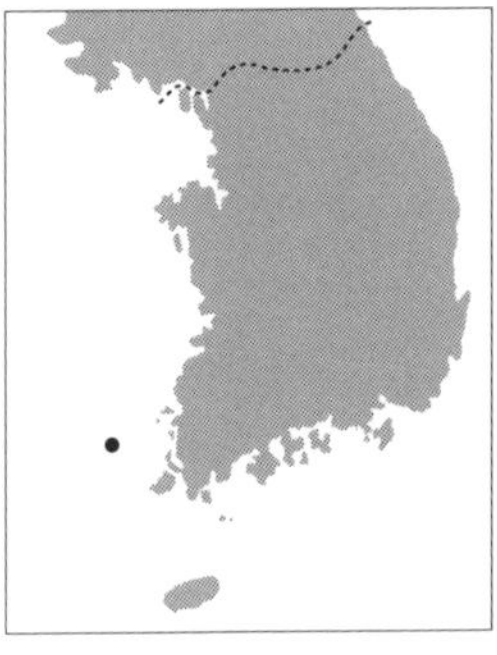

その日唯一運航が決まっていた20分早いフェリーに振り替えて、荒波の中、ようやく念願の黒山島に到着することができた。

当日はタクシーで島内を観光して、翌朝フェリーで30分の紅島《ホンド》へ渡り、島内観光を済ませた後、夕方木浦へ戻る予定だった。

そんな話をタクシードライバーにしたところ、「明日も風速15メートルの予報が出ているので、午前中のフェリーの欠航が決まった」と教えてくれた。「恐らく午後のフェリーは運航されるだろう」と言う。

## ◉天使との出会い

途方に暮れながらも、5名の韓国人観光客と相乗りしてタクシー観光を楽しんだ。

くねくねと六重にカーブした道路を見下ろせる12曲峠キル、波の浸食により岩にできた空洞が朝鮮半島の形に見える地図岩、広げた天使の羽のような形の七兄弟岩など、黒山島ならではの自然美を満喫した。

タクシー観光を終え、1人で石造りのカトリック聖堂を見学した。

その後、夕食をとろうと食堂へ入ったところ、タクシーに同乗した2組のご夫婦と再会。

蒸しホタテやクロソイの刺身、ウナギの鍋など鮮度抜群の海鮮の食事を楽しみながらも、翌日午後のフェリーまで何をして過ごそうかと5人で考えあぐねていた。

すると、食堂の主人の友人だという男性が「もしよかったら、私が島を案内しましょうか？」

と、ボランティアガイドを買って出てくれた。

翌朝、その男性の案内で島内トレッキングをスタート。

両脇に広がる畑を眺めながら石垣道を歩いたり、芸術家が自作した石造りの美術館を見学したりした。森に住む可愛いウサギたちに頬を緩めたり、甘みのある湧水で喉を潤したりと、自然と触れあいながらの散策はとても楽しかった。

竹藪、自生の椿やホオノキが茂る自然観察路を抜けると、海を見渡せる展望台に到着。

海原を楽しんだ後は、男性の知り合いのトラックの荷台に乗せてもらい、男性の自宅へお邪魔した。庭の木にたわわに実るミカンをご馳走になり、生まれたばかりの可愛い子犬たちと遊んだ。

島民だからこそ知っている真の島の魅力を存分に紹介してもらい、「かえってフェリーが欠航になりラッキーだった！」と思えるほど貴重で夢のような体験ができた。

「黒山島の天使」が哀れな観光客を救ってくれたのかもしれない。ボランティアガイドを務めてくれた男性には感謝の言葉しかない。

トレッキングの後のランチには、黒山島の特産品であるホンオ（発酵したガンギエイ）に挑戦。

これまで何度食べても強烈なアンモニア臭が苦手だったが、本場のホンオは臭みが少なく、古漬けキムチと一緒に酢コチュジャン（唐辛子味噌）を付けて口へ運ぶと、とても食べやすかった。特に縁側部分は歯ごたえが良く、冷えたマッコリとの相性も最高だ。

訪れることができなかった紅島も含め、いつか「黒山島の天使」にお礼を伝えるためにこの島を再訪したい。

広げた天使の羽のような形の七兄弟岩をはじめ、黒山島ならではの自然美を満喫できる

黒山島の特産品であるホンオはアンモニア臭が少なく食べやすい

# 4 江華島

## 歴史が刻まれた島を徒歩で回ればハードルが低い

### ◉古代から近代まで歴史の宝庫

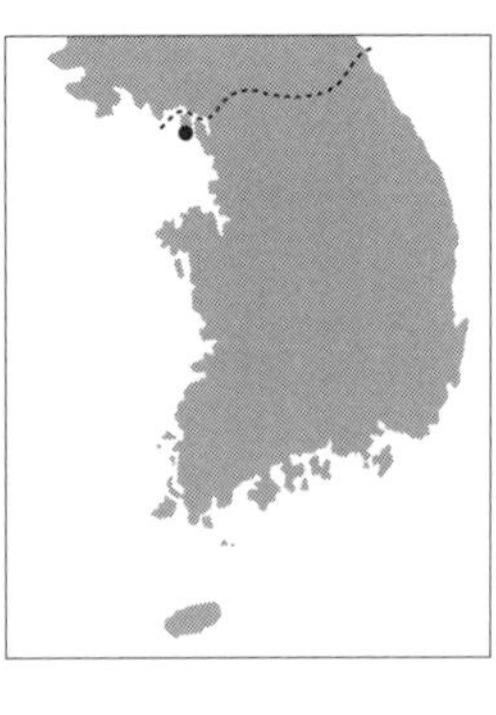

韓国北西部に位置する仁川《インチョン》広域市の江華島《カンファド》は、済州島《チェジュド》、巨済島《コジェド》、珍島《チンド》に次いで韓国で4番目に大きな島だ。

朝鮮建国神である檀君《タングン》が祭祀を行ったといわれる「摩尼山《マニサン》」や、ユネスコ世界文化遺産に登録されている「江華支石墓《コインドル》」がある。

また、高麗時代に元（モンゴル）の進撃により開城《ケソン》から遷都し、38年間臨時首都だったという歴史もある。

近代では朝鮮が開国するきっかけとなった江華島事件の舞台でもある。

このように先史時代から近代まで数多くの歴史が刻まれた見所満載の島、それが江華島だ。

江華島に憧れながらも、「個人で回るのはハードルが高い」という声をよく聞く。

そこで、江華島の中でもバスターミナルから徒歩で回ることができるエリアを紹介しよう。

## ◉市場で海の幸や山の幸を楽しむ

江華バスターミナルから徒歩8分の場所に「江華風物市場」がある。野菜や鮮魚などの生鮮食料品に加え、手作りの塩辛や江華島特産のスンムと呼ばれる蕪のキムチなどが並ぶ。伝統手工芸品である花紋席《ファムンソク》（花ござ）製品も販売している。

江華ヨモギを使った餅やチムパン（あんまん）を食べ歩くのもいい。噛んだとたんに芳醇なヨモギの香りが鼻を抜ける。ヨモギ蒸しにも利用される最高級品だけあって、やはり江華島のヨモギは格別だ。

2階の食堂街で味わえる海鮮グルメもお勧めだ。特に5月～7月初旬に旬を迎えるママカリ（サッパ）の刺身やムチムフェ（刺身と野菜の和え物）は、江華島ならではの味。薄いピンク色をした生のママカリを食べられるのは、鮮度がいい証拠だ。

ワタリガニが入ったピリ辛味の鍋、コッケタンも絶品。コクのあるスープにスプーンが止まらなくなった。毎月2と7の付く日に5日市が開かれると、風物市場の外にも露店が並びさらに賑わいを増す。農作物や鉢植えの花など、見ているだけでもワクワクする。

市場からタクシーで約6分、徒歩でも20分足らずで到着するのが「ソチャン体験館」。1938年築の韓屋と旧染色工場の建物をリノベーションしている。

江華島特産の伝統的な綿織物であるソチャンは、赤ん坊の肌着にも使われるほど柔らかな肌触りだ。そんなソチャン産業の歴史を学んだり、生地に江華島の特産品をかたどったスタンプを押す体験をしたりできる。

ここは、チャン・グンソク主演のドラマ『スイッチ』のロケ地でもある。

## ◉韓洋折衷の聖堂

「ソチャン体験館」から徒歩10分ほどで「大韓聖公会江華聖堂」に到着する。1900年に建てられた韓屋式屋根が特徴の韓洋折衷の聖堂だ。

イギリスのキリスト教信者がバシリカ様式として設計したが、当時はキリスト教布教活動への風当たりが強かった。そのため、韓国人の設計士たちが屋根に韓屋様式を採用することでカモフラージュしたという。

創立当時は「男女七歳にして席を同じゅうせず」という儒教の教えから、聖堂内をカーテンで仕切り、左が女性、右は男性と分かれて礼拝していたそうだ。

この聖堂のそばには、高麗時代に臨時首都が置かれた「高麗宮址」もある。

当時の建物はすべて焼き払われてしまったが、朝鮮王朝時代の国王の避難場所だった行宮《ヘングン》や王宮書庫だった外奎章閣《ウエギュジャンガク》など、復元された建物が残されている。

## ●江華島へのアクセス

ソウル地下鉄2号線新村駅そばにある現代百貨店バス停から3000番バスに乗車。終点の江華バスターミナルまで約1時間50分。

江華風物市場内の食堂で食べたコッケタンはワタリガニの濃厚なスープがたまらない

韓屋様式の屋根が特徴の大韓聖公会江華聖堂

# 5 済州島・正房瀑布

## 水が海に直接落ちていく景観にウットリする

### ◉徐福伝説とは何か

まるで楕円形のような形をしている済州島《チェジュド》の中央には、韓国最高峰（標高1950メートル）の漢拏山《ハルラサン》がそびえている。この山が島を南北に隔てる巨大な壁の役割をしている。実際のところ、北側と南側とでは地形も違う。

誰でも感じることだが、済州島を回っていると北岸は平坦な海岸線が多いが、南側は絶壁がところどころにある。

それはなぜなのか。漢拏山が大爆発したときに衝撃で南岸が隆起して、北岸が沈んだという説が有力だ。わかりやすく言えば、火山の噴火で島が南北方向に傾いてしまった、というわけである。地形は観光を潤す。特に恩恵を受けたのが南岸であり、絶壁が続く景観は訪れる人を高揚させる。しかも、南岸には有名な滝がとても多いのだ。

代表格が正房瀑布《チョンバンポッポ》である。西帰浦《ソギポ》市の中心部からも徒歩で行けるほどに近い。

この滝の高さは23メートルで幅は8メートル。規模はそれほど大きくはないが、海に水が直接落

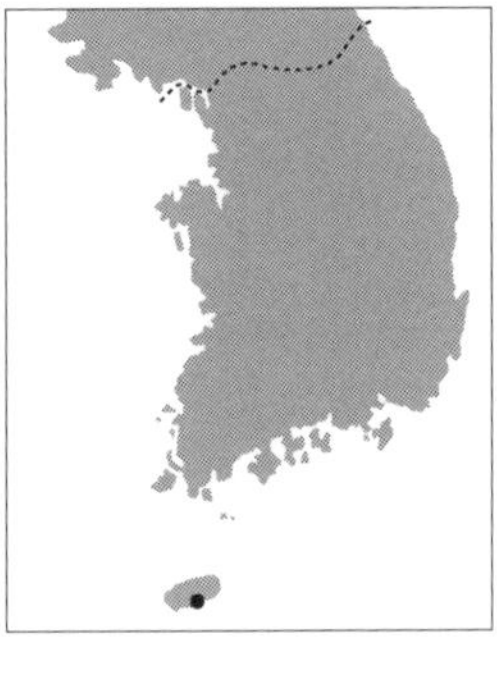

ちるところが秀逸だ。そういう滝は世界でも珍しいという。

そして、正房瀑布に残るのが「徐福伝説」だ。

果たして、徐福とはどういう人物だったのか。

徐福が生きたのは、史上初めて中国を統一した秦の時代だ。その秦を建国した始皇帝は栄華をきわめた。そんな彼がさらに欲したのが、老いを防ぐことだ。始皇帝は死を極端に恐れて長寿を熱望した。

そこで、始皇帝は不老長寿の薬を必死に探した。「私におまかせください」と名乗り出たのが徐福であった。

「東海上に神仙たちが住む場所があり、そこに不老長寿の薬があります。童男童女をそれぞれ500人ずつ引き連れて行けば、かならずや不老長寿の薬を探すことができるでしょう」

始皇帝は興味を示し、徐福を派遣することにした。

## ◉滝の勢いが表していることは？

徐福は童男童女を500人ずつ連れて船出した。そんな彼が向かったところが済州島だった。

一行は済州島に着くと漢拏山に登り、不老長寿の薬を探した。徐福は始皇帝の前ではあれほど自信満々だったのに、結局は見つけることができなかった。

落胆した徐福はひとまず漢拏山から南側に下山。たまたま海辺で滝を見つけたので、その岩場に「徐市過之」という文字を書いた。徐市は徐福のことであり、「徐福はここを通過した」と記したのだ。

それだけではない。徐福は「西に向かって、いざ帰りなん」という言葉を残したと伝えられており、彼が西に帰る途上の浦が「西帰浦」になった。

けれど、実際に徐福が西に向かったかどうかはわかっていない。西ではなく、さらに東に行ったという説もある。東とは日本だ。それゆえに、日本にも徐福伝説が残っている。

正房瀑布に「徐市過之」という文字が本当に記されていたのか。西帰浦では信じる人が多かったそうで、「20世紀の半ばまでは確実にあったけれど、瀑布の上にできた澱粉《でんぷん》工場から出る廃水で消された」という言い伝えも残っている。

さらなる伝説もある。徐福が済州島を去るときに3人の童男を落伍者として残留させ、彼らが耽《タム》羅《ナ》（済州島の旧国名）を建国した始祖となったという。

そんな徐福伝説を思い出しながら、正房瀑布の落水を見つめる。近づけば近づくほどダイナミックな景観に圧倒される。

しかも、滝の水が海に直接ストンと落ちていくという流れがとてもいい。

韓国でよく見かける「表現方法がストレートな人」に似ている。「私はこういう人間なんだ」ということを滝の勢いが表している。

そうなのだ。からだ全体で表しているのが韓国人だといえる。疑心暗鬼というものがない。駄目なら駄目とはっきりしている。

この滝がまさに韓国的だ。水しぶきもどんどんかかってくる。それでも構わずもっと滝に近づ

左：滝の水が海に直接落ちていく正房瀑布
下：修学旅行の学生たちがどんどんやってくる

く。いっぺんに空気が入れ替わったかのような爽快感に陶酔する。この気持ちはなにものにも例えられない。

たまらなく気分がよくなったあとに、正房瀑布に背を向けて、目の前の海を見渡す。

海上にごく小さな島も浮かんでいる。

「あのあたりかな……」

おだやかな波のゆらぎを見通してみる。「あのあたり」と見当を付けたのは、母が海女として海にもぐった場所のことだ。

母の実家は正房瀑布から歩いて数分のところにあった。学校に行かずに海女になったという母は、正房瀑布の前の海でいつも潜っていたという。

「波がおだやかなときは海の上でよく浮かんでいたの。からだが浮き浮きしていて気持ちが良かった」

そんな話を聞いたことがある。10代の若々しい母の思い出は微笑ましいものだったが、現実は時《し》化《け》の連続であったことだろう。

母の実兄が東京の医大に入るとき、母の両親は田畑を売って学費を用意したと聞いた。しかし、すぐ下の妹には小学校さえ通わさずに海女として働かせた。

なんという理不尽。なんという男尊女卑。

そんな母の無念を抱え込んでいた西帰浦の海は、正房瀑布から流れ出る水を受け入れて今も悠然と佇んでいる。

# 6 珍島

## 「三つのことを自慢するな」と言われる理由がとても面白い

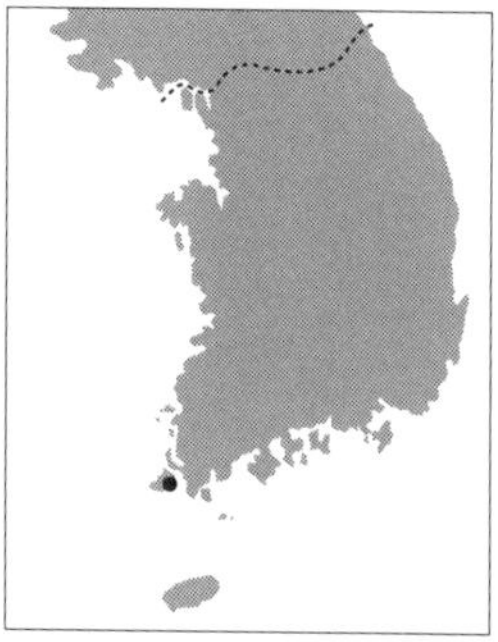

### ◉「珍島アリラン」が特に有名

日本語も韓国語も中国伝来の漢字を歴史的に使ってきたが、意味合いがちょっと違うものがある。「珍」は最たる例かもしれない。

韓国語で「珍」は「貴重なもの」「尊いもの」という意味が強い。女性の名前にもよく使われる。たとえば、ドラマ『愛の不時着』の主演女優として知られるソン・イェジン（孫藝珍）の名前にも「珍」が入っている。

実際、韓国で女性から名刺をもらったときによく見ると、名前に「珍」が入っていることが何度もあった。

そのときに「珍しい名前だ」とうっかり考えないで、「韓国によくある女性らしい名前だ」と受け取ると、韓国の事情によく合っている。

それゆえ、珍島《チンド》も「珍しい島」ではなく「貴重な島」という意味合いなのだ。

この島は朝鮮半島西南部にある。韓国で済州島《チェジュド》、巨済島《コジェド》に次いで3番目に大きい島だ。１９８４

年に完成した珍島大橋（長さは約500メートル）で本土から車で行けるようになった。

珍島といえば、日本では天童よしみが歌った「珍島物語」で有名になったが、韓国の人が珍島と聞けば、「珍島アリラン」を真っ先に思い浮かべるはずだ。

実際、珍島で乗ったタクシーの運転手さんがこう言っていた。

「珍島では『三つのことを自慢するな』と言われています。一に書、二に絵、三に歌。珍島の人はこの3つが得意なので、たとえ巧くこなしても自慢にならない、というわけです。特に、珍道のどの村にも名人がいるのが歌です。渋い声のアジュンマが有名な『珍島アリラン』を披露してくれますよ」

朝鮮半島の民謡を代表する「アリラン」は、地方ごとに独自の曲があるが、その中でも「珍島アリラン」が特に有名なのである。

そんな話を聞きながら着いたのが「雲林山房《ウンリムサンバン》」だった。

ここは、4代続いた山水画の名家の記念施設である。広い庭園と展示館がある。

初代の名人は、珍島出身で朝鮮王朝末期に詩・書・画において天賦の才能を発揮した許錬《ホリョン》（1808〜1893年）だ。朝鮮王朝24代王の憲宗《ホンジョン》に絶賛され、国王が使う墨と筆で画を描くことが許された。以後も画業が子孫に受け継がれ、結果的に4代にわたって山水画の達人を輩出した。おかげで、山紫水明の世界を描いた作品群を見ることができた。

広い敷地には、許錬のゆかりのものがたくさん残っている。それは、許錬が植えた百日紅、蓮池として著名な雲林池、許錬が絵を描いた画室、許錬が住んだ生家など。特に一番の見どころは雲林池であり、蓮の葉が美しい模様を見せる水面がきわめて美しかった。

この池は、ペ・ヨンジュンの主演映画『スキャンダル』のロケ地になった。

ペ・ヨンジュンが演じた両班のチョ・ウォンが女性たちと池に舟を浮かべて風雅な時間を過ごす場面があるが、チョ・ウォンが気に入った女性に妖しげな流し目をするシーンがとても印象深かった。

そんな映像を思い出しながら雲林池の周囲を散策していると、本当に心が清々しくなった。

## ◉「年老いた女性と虎」の物語

雲林山房も素晴らしいが、もちろん、有名な「神秘の海割れ」の海岸にも寄っておきたい。

そこは、雲林山房からタクシーで15分くらいの距離のところにある。海沿いの道路には数軒の屋台が出ていて、目の前には広々とした海が広がっていた。沖合に茅島《モド》という小さな島があり、そこまでの2・8キロメートルが干潮時に40メートル幅の陸地になって人が歩けるようになるという。

行ったときは渡れなかったが、海割れのときの写真が海沿いに大きく飾られていて事情がよくわかる。

実際、茅島がよく見える場所には「年老いた女性と虎」をモチーフにした石像が立っていて、次のような伝説が紹介されていた。

「その昔、ここに虎がひんぱんに出没した。虎に襲われてばかりいて困った村民たちは、いかだを作って対岸の茅島に逃れようとした。しかし、年老いたポンさんだけは運悪く珍島に残されてしまった。家族と引き離されてしまったポンさんは、いつも龍王様に、家族と会わせてくださいと祈った。ある日、夢の中に龍王様が現れ、明日の朝に海辺に出なさいと言った。翌朝、お告げの通りに、珍島と茅島を結ぶ海の道ができていた。村の人は喜んで茅島から珍島までポンさんを迎えに来たが、彼女は『私の祈りで海が開いて、家族にも会えたから、もう思い残すことはない』と言って力尽きてしまった。村の人たちはポンさんのおかげで海が割れたと特別な感慨を持ち、それからは、海の道を渡れば願いが叶うと信じられるようになった」

なるほど、「珍島物語」にはこんな由来があったのか。

観光案内所で聞くと、海割れは年に何度か起きるそうだ。しかし、明け方や深夜では多くの人が集まれない。その点、旧暦の2月下旬に起こる「神秘の海割れ」は昼間だ。新暦でいえば4月中旬か下旬が多いのだが、2時間ほど海が割れて大勢の人が茅島まで歩いて行くことができる。

しかし、今は海岸に押し寄せる波も荒く、遠くに茅島がかすんで見えている。

目を閉じて、写真の映像を思い浮かべながら海が割れたときの場面を想像してみる。人々の歓声が心に響いてきて、ワクワクするほど高揚した。

「珍島には自慢できるものが多すぎる」

素直にそう思った。

雲林山房の雲林池

「神秘の海割れ」を案内する掲示板

# 7 済州島・城山

## 春の花に包まれ海の幸を楽しむ国内日帰りの島旅

### ◉大邱からの日帰り旅

韓国最大の島、済州島。「韓国のハワイ」とも呼ばれ、２０２２年の年間訪問客数は１３８９万人と国内外を問わず人気が高い。

そんな済州島の中で人気が高い観光スポットといえば、東海岸から突き出た「城山日出峰《ソンサンイルチュルボン》」だろう。高さ１８０メートルほどの山頂からご来光を拝むために、日の出前から大勢の観光客が20分ほどかけて階段を登る。

済州島と城山日出峰を結ぶクァンチギ海岸には、春になると栽培された菜の花が一斉に花を開き、まるで黄色いカーペットのような鮮やかな装いを見せる。

そんな光景が見たくなり、２０１８年4月上旬に思い立って大邱から日帰りの旅に出た。

前日、大邱の友人に明日の予定を話したところ、「私も行きたい！」と言い、急遽２人旅となった。

国内線を利用すると済州島まで1時間足らずで到着できるので、早朝出発すれば、優に10時間以

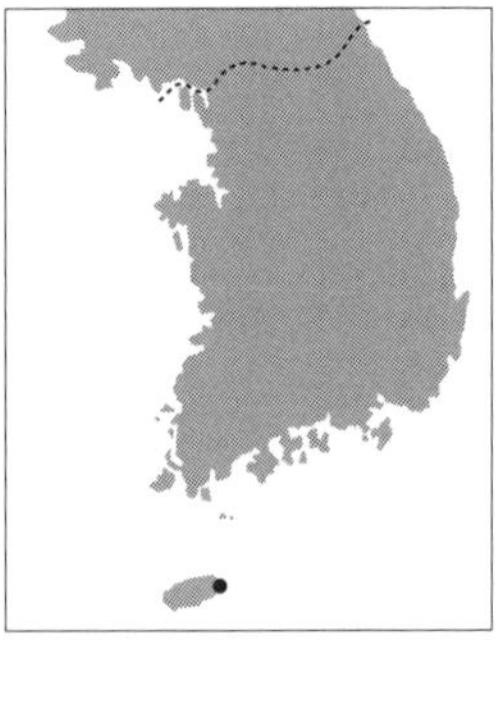

クァンチギ海岸から城山日出峰を背景に菜の花畑を撮影

新鮮な海産物をたっぷり使ったヘムルタン(海鮮鍋)にはサボテンの実で色付けした麺も入っている

上島に滞在できる。

済州空港に到着後、タクシーで空港のそばにある龍頭岩《ヨンドゥアム》を見学。流れ出た溶岩が海水で固まり、文字通り龍の頭のような形状になったもの。近くには満開の桜と菜の花畑が広がっていた。

朝食には済州島ならではのスープ「モムグク」を食べた。メカブのようにコリコリとした食感のホンダワラという海藻を使った豚骨スープである。

「キム・ヒソン済州モムグク」という食堂は、早朝から地元客で満席になるほどの人気店。済州島ならではのウニが入ったワカメスープもお勧めだ。

## ◉一面の菜の花畑

ここからは路線バスを乗り継ぎ、2時間ほどかけて目的の菜の花畑へ移動した。

「菜の花栽培団地」と呼ばれる一帯では、千ウォンの入場料を支払うと、菜の花畑の中に入って自由に写真撮影ができる。「映える写真」が撮れるよう、赤いベンチが置かれていたり馬が放牧されていたりする。

狙い通り背景に城山日出峰を入れた写真を撮影でき大満足だ。

そこから20分ほど歩いたところにある食堂で、新鮮な魚介類がたっぷり入った鍋料理のヘムルタンを食べた。ウチワサボテンの実でピンク色に色付けをしたククスも入っている。

パンチャンに済州島特産のアマダイの塩焼やスズメダイの塩辛を出してくれるのが嬉しい。

食後は近くの海岸で海女たちのショーを楽しんだ。民謡を歌ったり素潜りを披露してくれたりした。

腹ごなしを兼ねて海を見ながら1時間ほど散策し、海に面したカフェでひとやすみ。ニンジンケーキを注文したところ、しっとりとして驚くほど美味しい。

済州島の北西部にある旧左邑《クジャウプ》という村で生産される冬人参は、栄養価が高く甘みが強いという。新たな済州グルメを知ることができた。

「美味しい」を連発する私たちを見て、店主がもうひとつニンジンケーキをサービスしてくれた。

夕方になりバス移動して、東門《トンムン》市場をひと回りした後に食堂へ向かった。

カタクチイワシの刺身を野菜と和えたムチムフェと、ホウボウが1匹丸のまま入ったスープを注文。

どちらも鮮度抜群でとても美味しく、済州島の漢拏山《ハルラサン》焼酎や済州マッコリが進む。

しばらくして店主がサービスのケランチム（茶碗蒸し）を手に、私たちのテーブルに座った。

焼酎を差しつ差されつ話に花が咲いたが、徐々に帰りの飛行機の時間が迫る。楽しい宴のお礼を告げて、後ろ髪を引かれる思いで空港へ向かった。

# 8 喬桐島

## 北までわずか2・6キロ！近くて遠い失郷民が暮らす島

### ◉失郷民が暮らす島

韓国北西部に喬桐島《キョドンド》という島がある。韓国で4番目に大きい江華島《カンファド》の西側に位置する人口3千人ほどの小さな島。江華島と同じく仁川広域市江華郡に属している。

この島には朝鮮戦争のときに北朝鮮延白郡《ヨンベク》（現・黄海《ファンヘ》南道《ナムド》延安《ヨナン》郡）から避難してきた人々が集まり、暮らしている。

海を挟んで対岸の北朝鮮までの距離はわずか2・6キロメートル。しかし、南北分断により避難民たちは、いまだ故郷に帰ることができず失郷民としてこの島で生活している。心の距離はその数十倍も遠く感じているはずだ。

また、この島には高麗時代中期から朝鮮王朝時代末期までは幽閉地だったという歴史もある。朝鮮王朝第10代王の燕山君《ヨンサングン》をはじめ5人が流刑されたという。

そんな本土から分断されていた島に変化が起きた。

2014年に江華島と喬桐島を結ぶ喬桐大橋が開通し、江華島から車で行き来できるようになっ

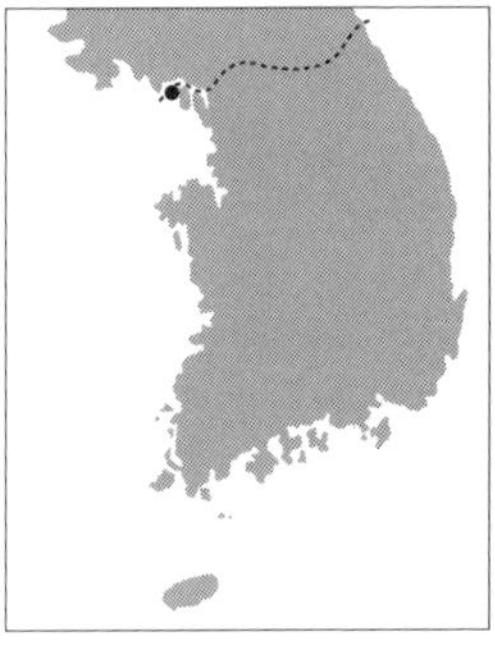

週末ともなると、大龍市場には懐かしさを求めて大勢の観光客が訪れる

小エビの塩辛を使ったスープで豚カルビを煮込んだチョッククカルビは、島ならではのグルメ

たのだ。それと同時に、手つかずの自然が残されているこの島に、大勢の観光客が訪問するようになった。

## ◉市場でニュートロ体験

2019年に江華バスターミナルから路線バスに乗り喬桐島へ向かった。

民間人統制区域なので、検問所を通過する際に通行証が必要だと聞いていた。しかし、なぜかバスのドライバーが検問官に敬礼しただけで通行できてしまった。

まずは、高麗時代に建てられた韓国最古の国立教育機関である喬桐郷校《ヒャンギョ》や華蓋寺《ファゲサ》を見学。寺のそばにある標高259メートルの華蓋山《ファゲサン》に、2022年、モノレールが開通した。空気が澄んだ日なら、山頂に設置された展望台から北朝鮮が見えるそうだ。

バスの運行本数が少ないので、華蓋寺からのんびりと散策し、45分ほどで大龍《テリョン》市場に到着した。失郷民たちが故郷の延白市場を懐かしんで開設したという。

収穫した野菜や小エビの塩辛など江華島や喬桐島の特産品を販売する店もあれば、レトロなタバン（茶房）や理髪店などもある。つきたての餅にきな粉をまぶしている女性に「写真を撮らせてほしい」と頼んだところ、最高に美しい笑顔を向けてくれたのが忘れられない。

400メートルほどの短い路地に1960～70年代を彷彿させる雰囲気があふれて、その時代の制服を着てモノクロ写真を撮影してくれるスタジオもある。近年流行のニュートロを体感できる場所だ。

2023年4月に私が企画したツアーにコスプレ体験を盛り込んだ。最初は恥ずかしがっていた参加者たちだったが、制服や軍服に袖を通すとすっかりその気になり、様々なポーズを決めて写真に納まった。とても楽しい体験となったようだ。

この市場のシンボルマスコットはツバメ。ツバメは北から南へ渡り新しい住処を作ってそこに住む。失郷者たちはツバメに自分たちを重ねて見ているのだろうか。

## ◉スプーンが止まらぬ郷土料理

市場の近くにある「豊年食堂」でチョッククカルビを食べた。この島の南にある南山浦港《ナムサンポ》では、アミという小エビが水揚げされる。小エビの塩辛を使ったスープで豚カルビを煮込んだ鍋料理が、チョッククカルビだ。喬桐島を含め江華島でしか味わえない郷土料理である。

豚カルビは、骨からほろっと取れるほど柔らかく煮込まれている。豚のエキスに野菜の甘みも加わったスープは、エンドレスで飲めるほどコクがあり美味しい。

この店では、江華島で収穫されたミネラル豊富な江華米を使っている。特に炊き立てのご飯は、つやつやでもちもちと弾力がありさらに食が進む。

この鍋料理を食べるためだけに、ソウルから3時間以上かけて喬桐島へ行く価値がある。

### ●喬桐島へのアクセス

江華バスターミナルから18番バスで約1時間の大龍市場バス停下車。

# 9 済州島・恋北亭

## 北の方向を見つめる人たちの情念が迫ってくる

### ◉チャングムの無念

今は済州島《チェジュド》にやってくる人々は飛行機でやってくる。

南海の孤島なので、何時間もかけて船で陸地から来る人が圧倒的に少ないのは必然的なことだ。それゆえ、島がいつも一番賑わうのは、観光客でごった返す済州空港である。ここが島への玄関口になる。

しかし、朝鮮王朝時代にはそうではなかった。

本土から来る船の発着場は済州島の北岸の朝天《チョチョン》にあった。つまり、船の時代には朝天が拠点だったのだ。

その朝天に、今も恋北亭《ヨンブッチョン》という歴史的なあずまやが残っている。この名称に入っている「北」とは果たして何なのか。

それを語る前に、かつて済州島が置かれていた立場について考えてみよう。

イ・ヨンエが主演した『宮廷女官チャングムの誓い』（原題『大長今《テジャングム》』）では、済州島が非常に

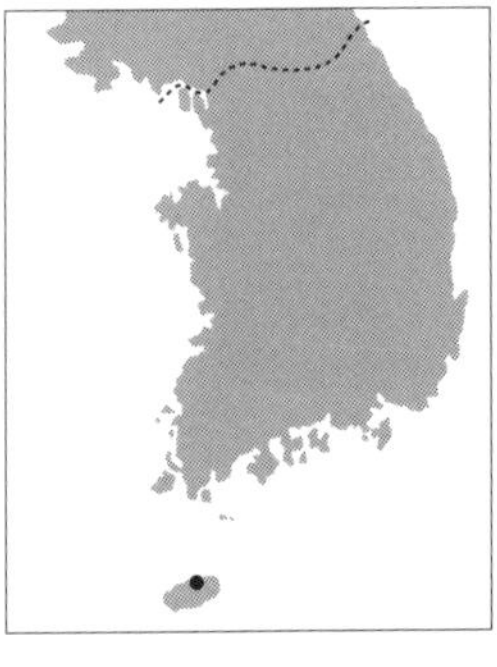

重要な役割を担っていた。

謀反《むほん》の罪をきせられたチャングムは済州島に流罪となり、そこから物語は大きく変わっていく。彼女は復讐に燃え、何度も逃亡を企てる。そのたびに捕まって苦境に陥るのだが、医術を学ぶことによって、再び宮中に戻る機会を得る。

まさに、済州島は捲土重来を期す場所として描かれていた。

同時に、ドラマを通して「流人の島」という印象も強烈に残った。

特に、チャングムと師匠のハン尚宮《サングン》が罪人として済州島に流罪となっていく場面が、多くの視聴者の涙を誘った。

悲惨な最期を遂げたハン尚宮。最愛の師匠の死を嘆き悲しむチャングム。そのチャングムの嗚咽の中に、済州島という最果ての地のおぞましさが示されていた。

この『宮廷女官チャングムの誓い』は16世紀前半の物語である。ときは、朝鮮王朝時代の前期だった。

朝鮮王朝が実施した流刑は、罪の軽重によって流配地を決定するというものだった。つまり、重い罪を負うほど都の漢陽《ハニャン》（現在のソウル）から遠い場所に流されたのだ。とりわけ、都から一番の遠方だった済州島は、最も多くの政治犯が流刑となった島であった。

しかも、済州島への流罪は終身刑を意味していて、生きて再び都に戻ることは皆無に近かった。それゆえ、権力闘争に明け暮れた支配階級の人々は、済州島への流罪をとても恐れた。

その中の1人が、15代王の光海君《クァンヘグン》である。

## ◉かつては政治犯の島だった

光海君は1608年に即位したあと、内政と外交の両面で成果を挙げた。しかし、王位を安定させる過程で兄や弟の命を奪い、多くの恨みを買ってしまった。

その結果、1623年にクーデターを起こされて廃位になった。その末に島流しとなり、最後は済州島に流された。

行き先は告げられていなかった。船の周りに幕を張って、方向がわからないようにしてあったのだ。

済州島に着いたとき、光海君は初めて自分が孤島に流されたことを知る。

「なぜ、こんなところへ……」

光海君は絶望した。国王として栄華を極めた彼は、最後は極悪人としての扱いを受けた。

以後、屈辱の中で光海君は余生を送り、1641年に66歳で世を去った。

そんな彼が死ぬまで夢見たのが「北」であった。

光海君が済州島に着いたときの港が朝天だった。

飛行機の時代になって、今では朝天も小さな漁港に過ぎなくなった。

しかし、流罪となった政治犯が朝天から済州島に上陸したという歴史は残っている。それを象徴するのが、海を望む場所に立つ恋北亭である。

名前に入っている「北」というのは、朝鮮王朝時代の都であった漢陽のことだ。

恋北亭は地元の人々の憩いの場になっている

恋北亭の扁額

恋北亭で佇んでいた地元の長老がこう語ってくれた。

「流罪となって済州島にやってきた高官たちは、都で政変が起こると、ここに来て必死にチョル(お祈り)をしていたそうだよ。自分の派閥が政争に勝てば、罪が消えて再び都に戻れるかもしれない。必死に祈ったはずだ。その気持ちもよくわかるね」

流罪となって身を落とした高官たちにとって、恋北亭は一縷《いちる》の希望を託せる場所であった。都に戻れた人はほとんどいないにしても……。

時代を経て、今は恋北亭で地元の人たちが集まって世間話を楽しんでいる。なんとも、のどかな光景だ。

しかも、大いに発展した済州島には、大勢の人たちが先を争ってやってくる。罪人としてではなく観光客として……。

恋北亭から北の方向を望むと、青く澄んだ海が見える。

この海を、絶望にうちひしがれた光海君も、ずっと見ていたのであろうか。

第4章

# 変化が激しい「大都会のときめき」に酔いしれる

# 1 釜山・海雲台

## 海岸の新スポットで台風に打ち勝った奇跡の体験

### ● 念願の列車に乗車

コロナ禍の影響で渡韓できなかった間に、韓国全土で新たな観光スポットが次々に誕生した。

その中でいち早く体験したいと思ったのが、２０２０年10月に釜山《プサン》の海雲台《ヘウンデ》海岸沿いに開通した「海雲台ブルーライン」だ。

かつて慶州《キョンジュ》～釜山間を走っていた東海南部線の線路址を再利用し、尾浦《ミポ》～松亭《ソンジョン》の４・８キロ区間を走行する海列車。途中に4か所の駅がある。

松亭駅からブルーラインに乗車。白地にブルー、グリーン、黄色、赤いずれかのツートンカラーの列車が入線する。どの色の列車に乗車できるのかも楽しみのひとつだ。

この列車の素晴らしいところが、全席オーシャンビューということ。

私が乗車した２０２２年9月は、折しも釜山に台風が接近してその影響を心配したが、持ち前の晴れ女パワーを全開。曇りがちながらも車窓から美しい海のパノラマを楽しむことができた。

しかし、途中下車したかったタリットル展望台（スカイウォーク）は、雨で滑る可能性があるた

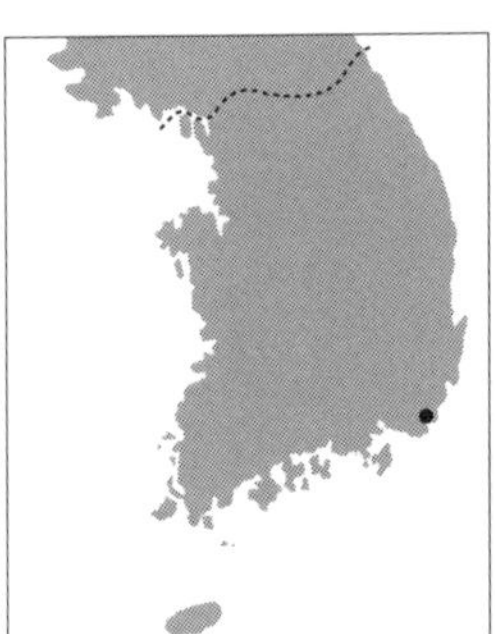

海雲台海岸沿いを走行する海雲台ブルーラインとその上を走るスカイカプセル

全席オーシャンビューの海雲台ブルーラインは車窓から美しい海のパノラマを満喫できる

め閉鎖されていたのが残念だった。

松亭駅から15分ほどの青沙浦《チョンサポ》駅で途中下車。周辺にはおしゃれなカフェや名物の貝焼きを食べさせる食堂が並んでいる。

青沙浦～尾浦駅の間は、ブルーラインの頭上に2～4人乗りのスカイカプセルが走行する。かなりゆっくりとしたスピードで走るのだが、傍から見ているとその姿がとても可愛らしい。

カフェでひとやすみしているうちに、大雨が降り出し視界不良となってしまった。

青沙浦駅から再びブルーラインに乗車する。

海岸線にごつごつの岩場があり、打ち寄せる波がはじけるように散っていくスポットがある。そこでは写真撮影できるように徐行運転をしてくれるのがありがたい。

こうして無事に尾浦駅に到着した。

## ◉海雲台海岸の奇跡

尾浦駅のそばに海雲台LCTという複合施設がある。そこに2020年7月、「BUSAN X the Sky」という高さ411・6メートルの複合ビルがオープンした。ソウルのロッテワールドタワーに次いで韓国で2番目に高い建物で、新しい釜山のランドマークとなっている。

100階にある展望台からの素晴らしい景色に惹かれて入館したが、受付では「台風の影響で本日は視界ゼロ」と言われた。

それでも奇跡を信じてエレベーターで最上階へ移動してみたものの、やはり霧が立ち込めて何も見えない。98階にある土産物コーナーを覗いたり、99階にある「世界一高い場所にあるスターバックス」でコーヒーブレイクをとったりしていた。

すると、風に吹き飛ばされた雲の隙間から一瞬だけ景色が見えてきた。

長く縦に伸びて見える海雲台海岸や高層ビル群など、想像以上に素晴らしい景色だった。

「海雲台海岸の奇跡」に感謝している。

**●海雲台ブルーライン松亭駅へのアクセス**

釜山駅から地下鉄1号線で教大駅下車、日光線《イルグァン》に乗り換え松亭駅まで約40分、そこから徒歩約14分。

# 2 大邱

## 大都会の喧騒を忘れふたつの伝統村で朝鮮王朝時代にタイムスリップ

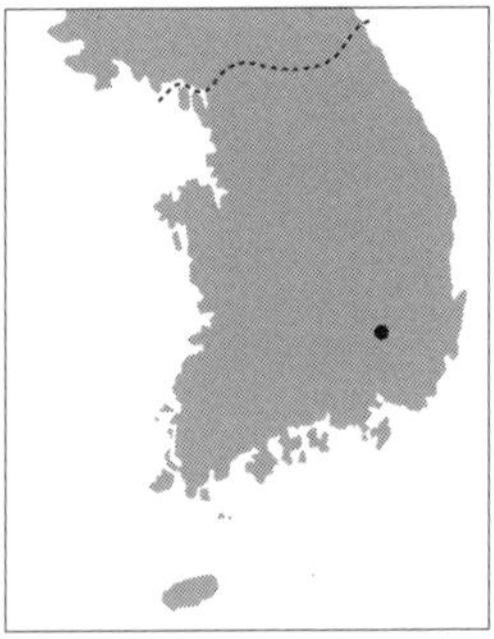

### ◉BTSメンバーの出身地としても注目

韓国南東部に位置する大邱《テグ》広域市は、人口約２４０万人の大都市。日本からの直行便が就航する大邱国際空港もあれば、ＫＴＸが停車する東大邱《トンテグ》駅もあり、アクセスの良さから国内外を問わず人気だ。中心部にはファッションやコスメショップが並ぶ繁華街の東《トン》城路《ソンノ》があり、若者を中心に賑いを見せている。

最近では、ＢＴＳのメンバーのＶとＳＵＧＡの出身地としても注目されている。Ｖの出身小学校前に「Ｖ壁画通り」、南山洞《ナムサンドン》にＳＵＧＡの壁画通りができたことで、海外からも大勢のファンが訪れている。

そんな大邱は、「韓方の街」としても有名だ。周辺地域から良質な韓方薬剤が集まる大邱では、朝鮮王朝時代に王命により薬令市が開催されたという歴史もある。

韓方医院や韓方薬局が並ぶ大邱薬令市という通りは、韓方の香りが漂い最も大邱らしさを感じられる場所かもしれない。この通り一帯では、毎年春に「大邱薬令市韓方文化祭り」が開催される。

新スポットの「韓方医療体験タウン」では韓方足湯のほか、韓方灸やスキンケアなどの韓方体験ができる（有料）。

一方、350年の歴史がある西門《ソムン》市場も面白い。寝具や衣料品から日用品やグルメに至るまで5千軒あまりの店舗が軒を連ねる。火曜日を除く毎日19時からはナイトマーケットが開催。ずらりと並んだ屋台料理の食べ歩きを楽しむことができる。

パク・ソジュン、パク・ミニョン主演の『キム秘書はいったい、なぜ？』にも、ナイトマーケットが登場する。「刺激的なことしませんか？」とキム・ミソ（パク・ミニョン）に誘われ、複雑な表情のイ・ヨンジュン（パク・ソジュン）が連れて行かれたのがこの西門市場だった。辛いタッパル（鶏足肉のピリ辛炒め）を美味しそうに食べながら、楽しい時間を過ごしていたのが印象的だ。

大邱ならではのグルメもはずせない。中でも大邱十味のマクチャン（豚のホルモン焼き）とチムカルビ（牛カルビの甘辛煮）がお勧めだ。

大邱発祥のカフェ「珈琲明家《コピミョンガ》」で販売されるイチゴたっぷりのショートケーキも大人気。イチゴが出回る冬を待ちわびるファンもいるほどだ。

## ◉400年の伝統村

そんな大邱には、中心部から車で40分ほど離れた場所にふたつののどかな伝統村がある。

ひとつは中心部から北東に位置する「オッコル村」。

気運が高まるようにと、南面を除く村の3方に漆の木を植えたことから「漆谷《オッコル》」の名が付いたという。

朝鮮王朝時代中期の学者である崔東集《チェドンチプ》が、1616年にこの地に住み始めて以来、慶州崔氏《キョンジュチェ》一族が定住する同族村となった。

一部の家屋は現代風に改良されているが、20軒あまりの伝統韓屋が現存していて、朝鮮王朝時代の両班《ヤンバン》住宅とその生活様式を垣間見ることができる。

裏山には亀の形に似た岩があり、風水上、亀に必要な水を確保するために、村の入口に人工池がある。その池のそばでは、樹齢400年、高さ12メートルの2本のエンジュの木が観光客を迎えてくれる。

オッコル村には約2・5キロにわたる石垣道がある。瓦を載せた石垣は身分が高い両班の住まい、松の葉をかぶせた石垣は使用人の住まいと、分けられているそうだ。

1694年に建てられた慶州崔氏宗家の百佛古宅《ペクプルコテク》は、大邱地域で最も古い建物。ヒョンビン、ハン・ジミン主演の『ジキルとハイドに恋した私』第19話に、心優しいロビン（ヒョンビン）の「心の実家」として登場した。

以前、私が企画した大邱観光ツアーでこの古宅を見学した時、麻の簡易韓服を身に着けた当主が現れた。両班の血筋だけあって、気品のある顔立ちをしていらっしゃる。ツアー参加者の1人が「趣味はなんですか？」と質問したところ、「趣味と言ってもね、運動をしたり、書を書いたり……かな」と、戸惑いながらも答えてくれ、気さくに写真撮影にも応じてくれた。

バスの本数が少ないが、村の入口付近にある「トルダムチプ」という食堂でチヂミとマッコリを

オッコル村の入口にある樹齢 400 年の２本のエンジュの木

オッコル村の百佛古宅は大邱で最も古い伝統家屋

楽しみながら時間調整するのもいい。

## ◉ノウゼンカズラの花咲く土壁の村

大邱でもうひとつお勧めしたい伝統村は、中心部から南西に位置する「南平文《ナムピョンムン》氏本里世居地仁《イ》興《ヌン》村」。高麗時代の仁興寺《イヌンサ》址にある。

三方を山に囲まれ風水説で気が集まる地形といわれたことから、1840年前後に南平文氏の18代目が区画整理し、藁葺き屋根の家を建てたことがこの村の始まりといわれている。

1910年に伝統的な嶺南《ヨンナム》（慶尚道）地方の両班の家屋形式である瓦屋根の韓屋に建て替えられた。その後、100年以上経た今でも、1万平方メートル余りの敷地に、朝鮮王朝時代後期の伝統家屋9軒を含む70軒の建物が現存している（参照／大邱市達城郡文化大典）。

石を重ね土で塗り固めた伝統的な土壁が特徴で、趣のある土壁の小道を歩くと、朝鮮王朝時代にタイムスリップしたような気分になる。

特に毎年6月下旬から7月中旬にかけて咲くオレンジ色のノウゼンカズラの花が、土壁に彩りを添える。

迎賓や一族の集いに使われた「寿峯精舎《スボンジョンサ》」と、書庫であり修学の場だった「廣居堂《クアンゴダン》」は外観を見学できる。

寿峯精舎の前庭にある松の木の下に亀が描かれた岩があるが、いつ頃描かれたものかは不明だという。また、門の閂《かんぬき》が亀のデザインなのは風水を意識してのことだろうか。

６月下旬から７月中旬に咲くノウゼンカズラの花と趣のある仁興村の土壁

仁興村の廣居堂は『麗〈レイ〉～花萌ゆる８人の皇子たち～』のロケに使われた

廣居堂は、イ・ジュンギ、IU主演の『麗〈レイ〉～花萌ゆる8人の皇子たち～』にも登場した。

何度もこの村を訪ねるうちに、廣居堂の主人と顔見知りになった。

ある日、建物の前方にあるヌマルと呼ばれる高殿の板の間でごぼう茶をごちそうしてくれた。

「日本の家屋は規格サイズに揃えた木材を使うのに対して、韓国では木材をそのまま使うので、太さがまちまちだったり、曲がっていたりするのが特徴。釘を一本も使わず、木材同士を組み合わせて作られているんですよ」と、韓国の伝統家屋について教えてくれた。

大都会大邱の中でもゆっくりと時間が経過する場所、それがふたつの伝統村である。

## ●大邱へのアクセス

成田、関西、福岡からティーウェイ航空直行便で大邱空港へ。

ソウル駅からKTX（韓国高速鉄道）で東大邱駅まで約1時間40分、釜山駅から約40分。

# 3 ソウル・仁寺洞

# 「アートの街」の裏通りを歩くととてつもなく面白い

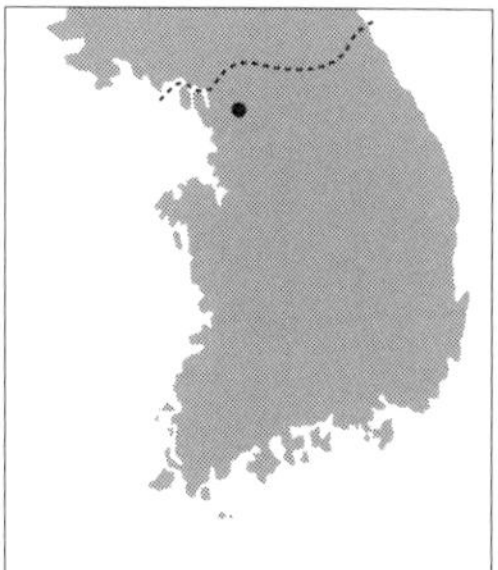

## ◉清渓川から仁寺洞へ

20代の頃はアメリカやヨーロッパばかり見ていた。音楽も映画も文学も。

アジアに住みながら、頭の中にはアジアがなかった。

それが韓国に来るようになってから、急にアジア的な世界に呑み込まれてしまった。

欧米ばかり見てきた自分の「目覚め」はまさに韓国にあった。

特にそれを意識させてくれたのが、ソウルの場合は仁寺洞《インサドン》であった。

そこに「欧米」はなく、「アジア」の好ましい混沌があった。

初めて仁寺洞を訪れたのは1997年2月だった。

当時も陶磁器や伝統的な小物を売る店が軒を連ねていて、骨董品の街という雰囲気をかもしだしていた。

確かに、雑然と店が乱立している感じがしたが、その喧騒もどこか心地よかった。

さらに、何度も何度も行くたびに、仁寺洞は見違えるような街になっていった。

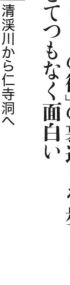

好きなコースは、復元された清渓川《チョンゲチョン》を最初に見て、そこをゆっくり歩いてからすぐ近くの仁寺洞に向かうという段取りだった。かつて清渓川の上には高架道路があって渋滞の象徴になっていたが、道路が撤去されてからは一転して憩いの散策路になった。ここで心を落ち着かせて仁寺洞に向かうと気分も晴れ晴れしたものだ。

そうやって出かけた仁寺洞の表通り。情緒たっぷりな街並みは歩いていて気分が良かったし、裏に回れば古い時代の家屋をイメージした茶屋や居酒屋が並んでいて、いかにも伝統的な風情があった。

同時にびっくりしたのが、あまりに人通りが多いことだった。

「どんなお祭りがあるの？」

そんな思いにさせるほど人がどんどん集まってくる。表通りは南北方向に約６００メートルなのだが、ひっきりなしに人が往来していて凄い活気だった。

そんな仁寺洞の賑わいは増すばかりで、変化の激しい韓国においても「仁寺洞は目まぐるしく発展していく街」という感じだった。

## ◉行くたびに新たな発見がある

ウインドーに鮮やかな韓服を飾る店があったので、気軽に立ち寄ってみた。

中に入ると、韓服を着た女性がにこやかに迎えてくれた。店主は落ち着きのある素敵な女性であった。

見事に復元された清渓川

伝統的な逸品を求めて仁寺洞を訪ねる人も多い

「日本人のお客さんも多いですか」

そう聞いてみると、「とても多いですよ」と笑顔で答えた。

「私たちも日本の着物にはとても関心がありますから、逆に日本の方々は韓服に興味を持つのでしょう」

こう語った後の言葉が愉快だった。

「日本人はほとんど何かを買って帰りますね。でも、必ず『マケてください』って言うんですけど、それは日本人の口癖なんでしょうか」

女性はそう不思議がっていたが、もちろん、日本人の口癖とは言えない。特に関東の人間なら、「マケてください」と気安く言わないと思うけれど。

韓国でそういうことを口にするのは、たとえばガイドブックで「必ずマケてもらいましょう」と説明されているからかもしれない。

さらに「店に入ってきた人を見てすぐに日本人とわかるんでしょうか」と尋ねてみると、店主は自信ありそうに答えた。

「日本人と韓国人は基本的にはよく似ていますが、髪型がやっぱり違うと思いますね。韓国人と比べて日本人の方は、寝癖がついたような変化をつけている人が多いんじゃないでしょうか。それと、日本人は歯並びがあまり良くないかもしれませんね」

あくまでも個人の印象だった。そう感じる根拠はどこにあるのか。

さらに店主が言った。

「とても感心するのは、日本人のお客さんはいつも笑顔を浮かべていることです。店を出ていくときも、必ず挨拶をしていきます。そのあたりは韓国人とは違いますね」

その言葉を聞いて、「笑顔を見すぎて歯並びが目に入りすぎたのかも」と思った。確かに、韓国の女性は初めての店でそう笑顔を浮かべないだろう。むしろ無表情に口を閉じていることが多そうだ。

そんなことを思いながら、もう一度店主を見たら、素敵な笑顔を浮かべていた。それは間違いなく営業用の笑顔であったけれど……。

店を出たあと、仁寺洞のメインストリートを時間の許すかぎり歩いてみる。相変わらず骨董品や伝統工芸品を売る店が多く、「アートの街」としての面目躍如である。その賑わいを見ているのも楽しいのだが、さらにワクワクするのが裏通りだ。

ひと目でわかる食堂や居酒屋が軒を連ねているが、「何の店？」とよくわからない店構えが目に入ってくる。それをひとつずつ確認すると「看板が懲りすぎているアクセサリーの店」だったりするのだが、現代アートはそもそも「わかりにくい」ものだから、「混沌」を象徴してきた仁寺洞にふさわしい光景がかえって増えてきたとも言える。

行くたびに新たな発見があるのが、この街の一番の魅力に違いない。

# 4 ソウル・西大門

## 気象の歴史と街の歴史を学べるふたつの博物館

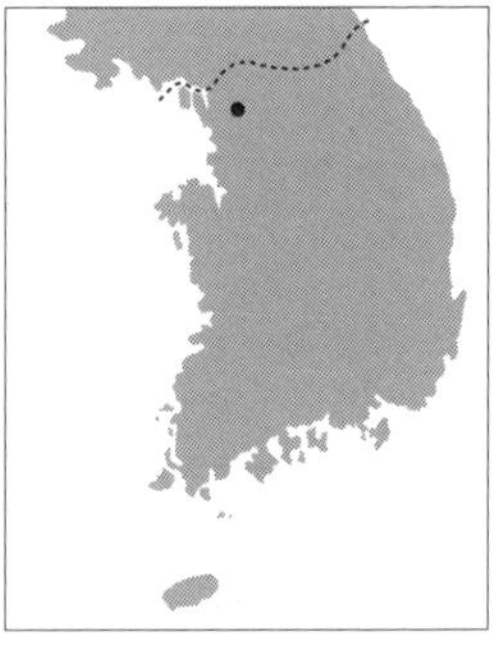

### ◉ふたつの年代に築かれた複合建築

パク・ミニョン、ソン・ガン主演の『気象庁の人々：社内恋愛は予測不能?!』は、官公庁を舞台にした異色のラブロマンスだ。

このドラマで気象庁の建物として最終回にも登場した、白いタイル張りの近代建築が印象的だった。

1932年築のこの建物は、ソウル西大門《ソデムン》のそばにあり、実際に国やソウルの気象観測所として利用されていたという歴史を持つ。

現在は「国立気象博物館」として内部を見学できる（入場無料）。

開館時間に合わせて訪問したところ、チン・ハギョン（パク・ミニョン）に雰囲気が似た素敵な解説士が、雨量の測定方法の変遷といった気象情報の歴史や建物の特徴などを丁寧に説明してくれた。

一緒に解説を聞いていた韓国人女性は、日本の177にあたる天気予報の録音風景を撮影した映

『気象庁の人々：社内恋愛は予測不能 ?!』に気象庁として登場した「国立気象博物館」

「敦義門博物館村」では食堂や旅館の主人たちが店をたたむまでのドキュメンタリー映像が流れる

像や百葉箱の展示に「懐かしい！」とつぶやいていた。

紐にぶら下げたおもりで上下に開閉する窓や床のタイルなどが、当時のまま残されている。

１９３９年に増築されたため、年代の異なるふたつの建物が共存する複合建築となっている点も面白い。特にアールデコ調の円形型のエントランスのデザインが美しく、近代建築としても楽しめる。

## ◉西大門と街の歴史を学ぶ

西大門エリアに来たら、もう1か所訪ねてほしい歴史文化空間がある。「敦義門《トニムン》博物館村」だ。国立気象博物館前の坂を下りていくと、貞洞《チョンドン》交差点の手前にある。

文化解説をネット予約した上で訪問した。予定の時刻より早めに事務所に到着したところ、スタッフの女性が「解説が始まる前に、さっと1周ご案内しましょうか？」と声をかけてくれた。

12月のかなり寒い日だったが、簡単な説明とともに館内をひと回りし終わると、ポケットに忍ばせていた使い捨てカイロをプレゼントしてくれた。その心遣いに感謝！

文化解説士の男性は、私が日本人だからだろう、ゆっくりとしたペースで解説してくれた。

ソウル城郭の西門にあたる敦義門は、１３９６年に建てられた。日本統治時代に道路拡張のため撤去され、その跡地はセムンアン（新しい門の中）と呼ばれる街となった。

１９６０〜70年代は名門中学や高校を目指す学生のための私塾の中心地として栄え、１９８０年代からは会社員を対象とした小さな食堂が増えてきた。

２００３年に、既存の建物を全面撤去して公園を造成する計画があった。ところが、ソウル市がこの街の歴史的価値を認め、既存の建物を補修して街全体を博物館として再生するように計画が変更された。

イタリアンレストランと韓定食の食堂だったふたつの建物を連結させたのが「敦義門展示館」。内部には、敦義門の歴史や、近年再開発のために取り壊された街並みの再現模型などが展示されている。

最も興味深かったのは、セムンアンで長年営業を続けた食堂や旅館の主人たちが、この地を立ち退くまでのドキュメンタリー映像だ。

ある店主が、閉店する日の早朝に「店の前の道を掃くのも今日で終わりだなぁ」と漏らした言葉に胸が痛くなった。

他にもレトロな映画館、理髪店、倶楽部、旅館などの建物に加え、ゲームセンターで昔のゲームで遊んだりＬＰレコードを聴いたりと、展示だけにとどまらず懐かしい体験ができるのが、この博物館の特長である。

# 5 仁川

## 開港により急速に近代的国際都市へと変化した街

### ◉ドラマロケ地の宝庫

心に残る名作『トッケビ～君がくれた愛しい日々～』。謀反の罪を着せられ、900年もの歳月を生き続けるトッケビことキム・シン（コン・ユ）と、彼を苦しみから唯一解放させることができる「トッケビの花嫁」チ・ウンタク（キム・ゴウン）との愛を描いた作品だ。

このドラマの数々の撮影が行われたのは、韓国北西部にある港町の仁川《インチョン》。

1883年の開港とともに、仁川には日本、中国、欧米から商社などの海外企業が進出。各国の領事館も置かれ、のどかだった漁村は一転して近代的国際都市へと変化していった。

山の手にはイギリス、フランス、ロシアなどの領事館に勤める外交官のおしゃれな屋敷が建ち、エキゾチックな雰囲気だったという。

これらの屋敷は、朝鮮戦争の戦火に消え、残念ながら今ではその姿を見ることができない。

かつて仁川開港場だった仁川駅周辺には、今でも当時の痕跡が残されている。

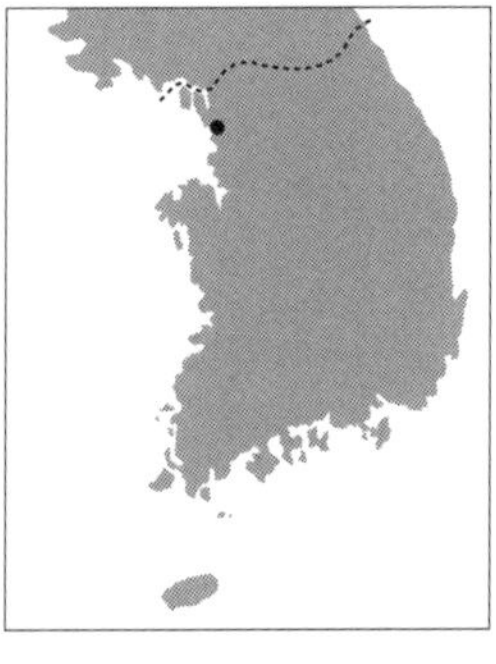

仁川駅1番出口を出ると、牌楼《パイロウ》と呼ばれる赤色の門が目に飛び込んでくる。仁川チャイナタウンの入口だ。中国山東省から移住した華僑たちが営む中華料理店が軒を連ねる。

ここで生まれた食文化がチャジャンミョン（ジャージャー麺）。炒めた豚肉と玉ねぎ入りの甘辛味噌を絡めて食べる麺料理で、韓国ドラマにもよく登場する「韓国中華」だ。

チャジャンミョンの元祖である「共和春《コンファチュン》」の建物を再利用した「チャジャンミョン博物館」では、華僑とチャジャンミョンの歴史を学ぶことができる。

駅前の通りを南に10分ほど進むと、赤レンガの倉庫群が見えてくる。1930～40年代の建物をリノベーションした「仁川アートプラットフォーム」。芸術作品の展示や公演などを行う創作スタジオとして活用されている。

ここは、『トッケビ』第14話で生まれ変わりユ・シンジェとなったトッケビと、彼を不審者と疑うウンタクが歩いた場所。ペ・スジ、キム・スヒョン、テギョン（2PM）、IUらが出演した青春ドラマ『ドリームハイ』には、キリン芸術高校として登場した。

## ◉旧日本人租界地

そこから数分のところに仁川市の中区庁舎がある。その周辺には日本家屋が建ち並び、「ここは日本か？」と見まがうほどだ。

1883年の開港以降、開港場には外国人居留地である「租界」が置かれた。

現在でも「清日租界地境界階段」が残されている。階段の下から見ると左手は中国人、右手は日本人が住んでいたエリアだ。

19世紀末から20世紀初頭にかけて、仁川に居留する日本人の人口は急増。1905年には1万人余りの日本人が住んでいたという。

急激な人口流入に対応するためには、効率の良い集合住宅を建てる必要があった。それが、複数の家を共有壁で仕切った長屋形式の町屋である。

近代都市らしく、当初から電気と水道は整備されていたという。

終戦後、日本人が去った後は、韓国人たちがその町屋に住んでいる。日本家屋だとわからないように、屋根の手前に装飾を施す看板建築の木造住宅が多く見受けられる。

旧日本人租界に築約100年の6軒長屋形式の町屋がある。

その一角に暮らす作家・翻訳家の戸田郁子《とだいくこ》さん。自宅と壁を隔てた隣の空間で「仁川官洞《クァンドン》ギャラリー」(ゲストハウスも併設)を運営している。旧住所の「官洞」という地名を風化させないために、ギャラリーにその名を付けたそうだ。

ギャラリーとゲストハウスにリノベーションするにあたり、かつてこの家の主だった人々の暮らしの痕跡を敢えて残したそうだ。

たとえば韓国らしい花柄のキッチンタイル、ボイラーの煙突用に使用していた小窓、壁紙を貼り忘れている壁など。

「歴史の痕跡を残すこと」。これが、戸田さんがこの町に住む理由なのだという。

戸田さんは仁川の歴史を紹介するガイドも務めていて、私は仁川を訪問するたびに戸田さんから

1930～1940年代の建物をリノベーションした「仁川アートプラットフォーム」

旧日本人租界に建てられた築100年の長屋式町屋を再生した「仁川官洞ギャラリー」

仁川の歴史を学び、ゲストハウスに宿泊させてもらう。

築１００年の町屋に宿泊することで、「自分もこの家の歴史の1ページを刻むことができたのではないか」と感慨深く幸せな時間を過ごしている。

## ◉国際都市の痕跡

中区庁舎の手前の「仁川開港場歴史文化通り」にも日本家屋がたくさん残されている。

「pot-R（パダル）」は、日本家屋を再生したカフェ。荷役会社を創設した日本人が、１８８０年代末〜１８９０年代初めに事務所兼住宅として建てた町屋造りの日本式建物。現在も2階と3階は畳部屋になっている。

手作りの国産煮小豆と氷を使うパッピンス（氷小豆）がお勧め。手回しで削っているためか、氷のきめが細かくてとても美味しい。

この通りの1本隣には、かつて日本の銀行だった近代建築が3軒残されている。

旧日本第一銀行仁川支店の建物だった「仁川開港博物館」は、ルネッサンス様式のドーム型の屋根が象徴的だ。

大型船を着岸させるために設計されたドック（船渠《せんきょ》）の仕組み、韓国初の鉄道「京仁線」や電信・電話設備などの展示がある。仁川が「韓国近代化の始まり」を象徴する都市だということがよくわかる。

旧日本十八銀行仁川支店の建物は、「仁川開港場近代建築展示館」として利用されている。仁川

日本家屋再生カフェ「pot-R（パダル）」のパッピンス（氷小豆）

外国人居留者たちの社交場だった「旧済物浦倶楽部」

税関や海外の大富豪たちの邸宅など、今はなきモダン建築の模型が展示されている。

他に、2階の欧風バルコニーが特徴の旧日本五十八銀行仁川支店もある（内部は非公開）。

ここから5分ほど坂を上って行くと、「旧済物浦倶楽部《チェムルポ》」がある。

『トッケビ』第13話でトッケビに仕えたユ会長（キム・ソンギョム）の家として登場した建物だ。

1901年に仁川に居住する大勢の外国人の社交場として作られた洋館で、当時珍しかったテニスコートが設置され、内部には社交室、ビリヤード台、図書館、バーなどを備えていたという。内部見学ができ、当時の社交場の様子を垣間見ることができる（入場無料）。

旧済物浦倶楽部のある「仁川自由公園」は、1888年ロシア人により設計・造園された韓国初の西洋式公園。

『トッケビ』第1話で、ウンタクがこの公園のベンチのそばにあるごみ箱の火を吹き消すと、突然トッケビが現れた。

公園内には朝鮮戦争で仁川上陸作戦を成功させたマッカーサーの銅像やバラ園があり、市民の憩いの場となっている。空港のある永宗島《ヨンジョンド》へ続く仁川大橋や仁川港を見渡せ、最高の眺望を楽しめる。特に桜が満開になる季節に合わせて訪問するのがお勧めだ。

## ◉ペダリ古本屋通り

『トッケビ』のロケ地として、黄色い建物が印象的な「ハンミ書店」もはずせない。

東仁川駅方面にあるペダリ古本屋通りに実在する1995年創業の老舗古書店だ。

トッケビとウンタクが互いの頭を撫でたシーンをはじめ、何度も登場した。

昔は満潮時に海水がこの辺り一帯まで入ってきたため、船着き場となる橋があったことからペダリ（船橋）という名前が付いたという（諸説あり）。

この通りにはイ・ジュンギ主演作『無法弁護士〜最高のパートナー』の弁護士事務所だったビルや、大ヒット映画『エクストリーム・ジョブ』にチキン屋として登場した建物もある。

ハンミ書店そばの路地を入ったところに、２０２２年９月「ペダリアートステイ１９３０」という文化空間が誕生した。

１９３０〜60年代に建てられた3軒の旅人宿《ヨインスク》をリノベーションした小さな美術館とカフェで、工事中に発見された共同の洗い場にちなみ、カフェの名前は「洗い場カフェ（빨래터카페）」という。

## ●仁川へのアクセス

ソウル駅から仁川駅まで地下鉄1号線で約70分。

# 6 釜山・人情酒場

## 閉店が惜しまれる！ 常連客との交流の思い出酒場

### ◉ディープなワンオペ居酒屋

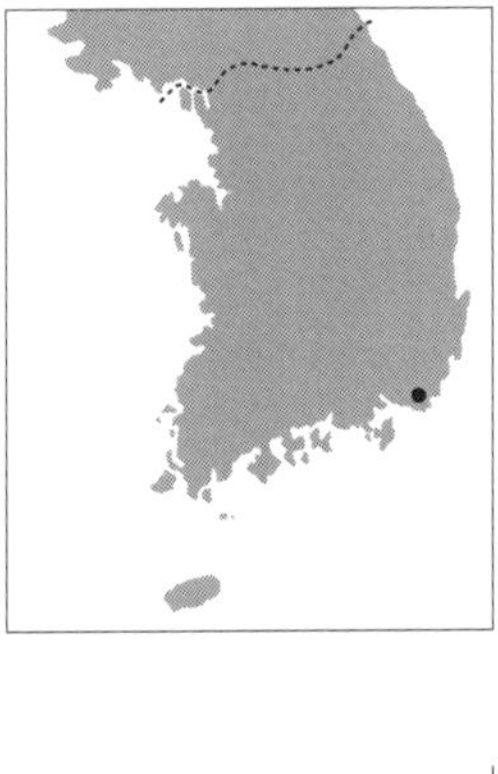

いつも1人旅だが、食べたい料理や飲みたいお酒があれば、どんな店にでも1人で躊躇《ちゅうちょ》なく入店することにしている。1人で食事をする姿が寂しそうにみえるのか、店主や常連客が声をかけてくれることもある。

そんな時こそラッキーだ。「韓国が大好きな日本人」をPRすれば、あっという間に楽しい時間に変わる。

2016年の冬に訪ねた釜山の「居昌《コチャン》チプ」での経験が、まさにそんな感じだった。

この店を知ったきっかけはNHKの『世界入りにくい居酒屋』という番組だった。

地元民ばかりでディープな上、焼酎かビール3本につまみがいろいろついて3万ウォン均一という、画期的な料金システムにも惹かれた。

国際市場の照明通りを北へ進んでいくと、左手にファン・ジョンミン、キム・ユンジン主演の映画『国際市場で逢いましょう』に登場した「コップニネ」がある。

さらに進むと、「実費《シルビ》通り」と呼ばれる一角が現れた。格安でお酒とつまみを楽しめる店のことを「シルビチプ（実費店）」という。

この一角には一般的な食堂にまじり、「居昌チプ」と同様の料金システムのシルビチプが全部で5軒並ぶ。いずれも看板には店名とともに「실비（シルビ）」とハングルで書かれている。

間口半間ほどの「居昌チプ」に近づくと、店頭にある狭いキッチンで店主であるオモニ（おかみさん）が忙しそうに手を動かしていた。

「テレビを見て日本から来ました」と告げると、嬉しそうに微笑みながら「さぁ、奥にお入りなさい」と、6席しかない狭い店内の一番奥の席を指さした。

調理から接客、片付けまで、40年間ずっと一人で切り盛りしているという究極のワンオペ店だ。

店内の様子を撮影したいと思いカメラを向けたところ、常連らしきアジョシたちが「なんで撮るんだ」と怪訝そうな顔をした。

するとオモニが、「日本のテレビで紹介されたのを見て、興味を持ったので来てくれたのよ」と説明。「おお、それなら撮ってもいいや」と、アジョシたちが笑顔になったのでホッとした。

## ◉世話好きな常連客と和気あいあい

早速ビールをお願いすると、オモニがテーブルに次から次へと11種類のつまみを並べてくれた。2杯の茹でたカニをはじめ、イカナゴの塩辛、ごつごつした外観の巻貝に栗の甘露煮など、港町釜山らしく海の幸が多い。隣のテーブルのアジョシが「コドンっていうんだよ」と巻貝の名前を教えてくれた。

さすが港町だけあって、どれも新鮮で素材の味が濃い。

そうこうしているうちに、オモニが焼きたてのイシモチを運んできてくれた。表面がパリパリで中はしっとりと絶妙の焼き加減。

苦手なポンテギ（蚕《かいこ》のさなぎ）を躊躇していると、「美味しいから食べろ」と世話好きなアジョシたちから声がかかる。しぶしぶひとつだけ食べてみたら、意外にも美味しかった。オモニの腕前はかなりのものだと改めて感心した。

その後も野菜チヂミの3種盛りや水餃子など、結局全15品のつまみを出してくれた。

その頃には周囲の客も女性の2人組と男女4人組に入れ替わっていた。

男性2人は仕事で日本に住んでいたことがあるという。すっかり話が盛り上がり、最後にはオモニも含めてみんなで写真撮影をした。

結局3時間近く滞在し、ビール2本と焼酎1本を空けた。釜山ならではの新鮮な魚介類を堪能した上、常連客と楽しい時間を過ごすことができた。それもすべてオモニの料理の腕と人柄のおかげだ。

最近になって、この店が2021年に廃業したという話を聞いた。こんなに楽しい空間がなくなってしまったことが残念で仕方がない。

閉店が惜しまれる「居昌チプ」は独得な料金体系のワンオペ人情酒場だった

腕のいいオモニのつまみがテーブルにずらりと並ぶ

# 7 水原

## ドラマロケ地からおしゃれカフェまで、水原華城だけではない魅力の街

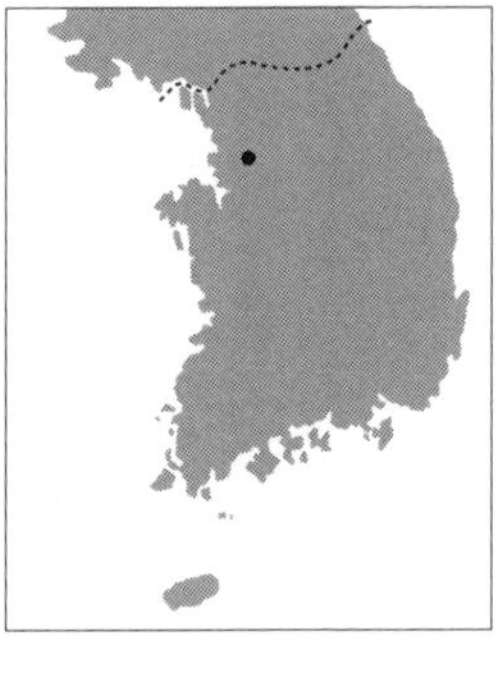

### ◉ドラマロケ地巡り

京畿道《キョンギド》にある水原《スウォン》は、ソウルから日帰りできる観光地として日本人にも人気だ。

水原といえば、真っ先に思いつくのが水原華城《ファソン》（以下「華城」）だろう。朝鮮王朝第22代王の正《チョン》祖《ジョ》が、都を守る要塞として3年足らずの年月をかけて築城したものだ。

華城のシンボルでもある八達門。そのそばの南砲楼の眼下にある八達山外周道路が、キム・テリ、ナム・ジュヒョク主演の『二十五、二十一』に何度も登場した。終盤では、満開の桜の花が彩りを添えるバス停で2人が再会するシーンに胸が熱くなった。

そんな水原にある『ウ・ヨンウ弁護士は天才肌』のロケ地を見たくて、実に十数年ぶりに水原を訪ねた。

華城の西門にあたる華西門から歩いて10分ほどの場所に、「ウ・ヨンウ キンパ」とハングルで書かれたオレンジ色と白のシェードが目を引く食堂がある。

ウ・ヨンウの父が営むキンパ屋として登場したこの建物は、「カザグルマ」という食堂として営

業している。コンパクトな店内は白を基調としていて、店頭にはヨンウの分身であるクジラのぬいぐるみが置かれていた。

メニューの中心はサーモン丼や牛丼などの丼物だが、ドレープ状にひだを寄せた卵をかぶせたドレスオムライスを食べてみた。ガーリックの効いたパンチのあるご飯とトマトソース、優しい卵の味が三位一体となっている。

## ◉おしゃれカフェや風流を楽しめるスポットも

久しぶりに訪ねた水原には、韓屋造りの施設が点在していた。

韓屋の過去・現在・未来の施工技術を紹介する「韓屋技術展示館」では、地域による韓屋の特徴の違いがわかりやすく説明されている。

その隣にある「水原伝統文化館」は、伝統食教育と礼節教育、歳時行事などの伝統文化を体験するための施設だ。季節の花々が美しく、庭を散策するだけでもワクワクする。

水原にはおしゃれなカフェも多い。

ネットで見つけてひとめぼれした「Paletscent」は、窓から華城の北門である長安門がばっちり見える。さらにルーフトップへ上がると目の前にこの門が迫り、華城を独り占めしたような気分を味わえるのでお勧めだ。

華城の城郭に沿って散策し、丘の上にある「訪花随柳亭《パンファスリュジョン》」を訪ねてほしい。

朝鮮王朝時代に軍事用施設として作られた角楼だが、そんな過去とは裏腹にここから見渡す風景が素晴らしく心が落ち着く。普段はまったくやらない俳句さえ詠めそうな気がした。龍淵池の蓮が開花する夏に訪問したら、その感激はさらに高まるだろう。

遠くには、上空から華城を楽しめる気球（フライング水原）も見えた。

駅へ戻る前に「行宮洞《ヘングンドン》壁画村」にも立ち寄ろう。かつて水原の中心地だったこのエリアを再活性化するために、芸術家たちが描いた壁画やオブジェの展示がある。

特に築百年を超える「金宝旅人宿」の塀に描かれた巨大な魚は圧巻だ。その建物の歴史的価値に魅了されたブラジル人の女流作家が描いたそうだ。

ここは、かつて市場へ買い出しに来た商人たちや終電に乗り遅れた人々が、安く泊まれると利用していた宿だという。

**●水原へのアクセス**

地下鉄1号線ソウル駅から水原駅まで約1時間10分。

カフェ「Paletscent」の店内やルーフトップからは目の前に華城の長安門が見える

丘の上にある「訪花随柳亭」からの素晴らしい眺望に心が落ち着く

# 8 ソウル・世宗路
## 教保文庫で歴史書を買い漁った日々が懐かしい

### ◉ 定宿は光化荘旅館

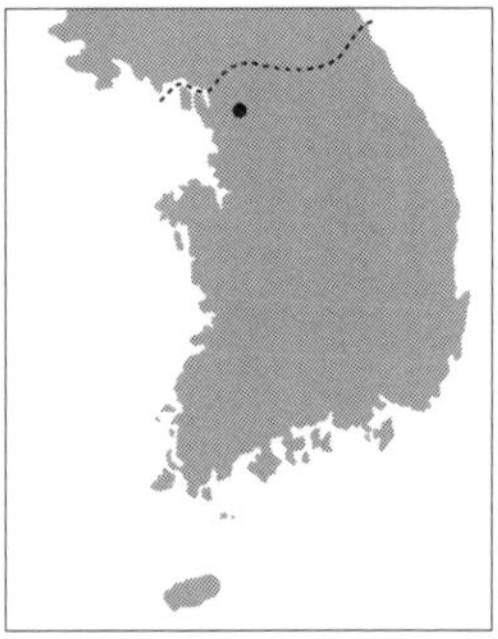

韓国の旅は、日常を乗り越える際に欠かせない叙事詩だ。伝承してくれるのは、今まさに生々しい語り部となった地元の人々である。

初めてソウルに行ったのは1997年だったか。

その頃は高級ホテルばかり泊まっていた。日本では味わえない快適さが気に入っていたのだが、夜は飲み歩いていたので、深夜にホテルに帰って少し寝てから早朝にまた出かけていくという状況だった。

「ホテルにいる時間も短いなあ」

そう考えて宿泊先を変えることにした。

選んだのが、世宗《セジョン》文化会館の裏にあった光化荘《クァンファジャン》旅館だった。ここには本当に世話になった。

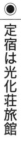

最初は1泊2万ウォンくらいだったが、居心地がとても良くてソウルに行くたびに定宿にした。

予約する必要がなかったし、深夜に急に出かけても必ず部屋を確保してくれた。何よりも、繁華街のど真ん中にあるので何かと便利が良かった。

一番助かったのは、「教保文庫《キョボ》」がすぐそばであったことだ。韓国で一番本が揃っている書店で、ここで歴史書を探しまくった。

本は重い。たくさんあると日本に持って帰れない。そこで、次々に買い求めた歴史書を光化荘旅館の部屋に置いておき、日本に帰る前日に郵便局で梱包して日本に送った。この繰り返しで、我が家に韓国の歴史書が山のように増えていった。そういう意味で、教保文庫に近い旅館は最高の立地条件だった。

## ◉世宗大王の像を見て何を思うのか

世宗文化会館の前の大通りは「世宗路《セジョンノ》」と呼ばれている。その周辺はソウルで一番好きな場所だ。

韓国に来たときにすぐ行うルーティンがあった。金浦《キムポ》空港に到着すると地下鉄5号線に乗って光化門《クァンファムン》駅で降り、すぐに光化荘旅館で旅装を解く。外出する準備ができたら日の前の飲食街の中で馴染みにしていた食堂に入り、1人でプデチゲを2人前注文して腹いっぱいに食べた。その瞬間、「ああ、韓国に来たなあ」という、たまらない充実感を味わうことができた。

その後は教保文庫に行って、韓国で売れている本をチェックしたり歴史書を見て回ったり……。終わると、光化荘旅館の隣にあった銭湯に行き、ゆっくりと休む。それが韓国に到着した初日の日常行動だった。

ああ懐かしい。思い出すたびに記憶が甦ってくる。

そんな世宗路のありふれた風景。誰もが最初に見るのは、李舜臣《イスンシン》将軍の像に違いない。しかし、将軍から強烈に睨まれているような感覚に陥るので、いつもまともに像を見たことがない。

その点、次にある世宗《セジョン》大王の像は、見ていて気持ちがとても安らぐ。大王が民衆に向かって何かを諭すように右手を肩まで上げていて、その動作がなんとも目になじむ。

この像のずっと後ろには景福宮《キョンボックン》が見えているし、さらにその奥には大統領官邸の青い瓦が確認できる。全体を見下ろすような北漢山《プッカンサン》の威容も素晴らしい。

いかにも韓国的な風景であり、ソウルで一番馴染んだ場所である。

しかし、世宗路とその周辺も、決してジッとしていない。行き交う人も移りゆく季節も刻々と変化している。

通りで開催されるイベントも多く、特に秋夕《チュソク》（韓国のお盆）の日には、景福宮に向かう韓服の男女で賑わっていて、情緒あふれるメインストリートになっていた。その中の一員になっていると、なぜか心が浮足立ったものだ。

しばらく韓国に行けなかったとき、真っ先に思い浮かべたのが世宗路の佇まいであった。

「ここで空を見上げたら、どんなに気持ちがいいだろうか」

そう思えるかぎり、ソウルは自分を待っていてくれると信じられる。

左：世宗路の始まりに立っている李舜臣将軍の像
下：世宗大王の像の後ろに景福宮や大統領官邸が見える

# 9 ソウル・龍山
# 最大規模の鉄道官舎村が形成された街

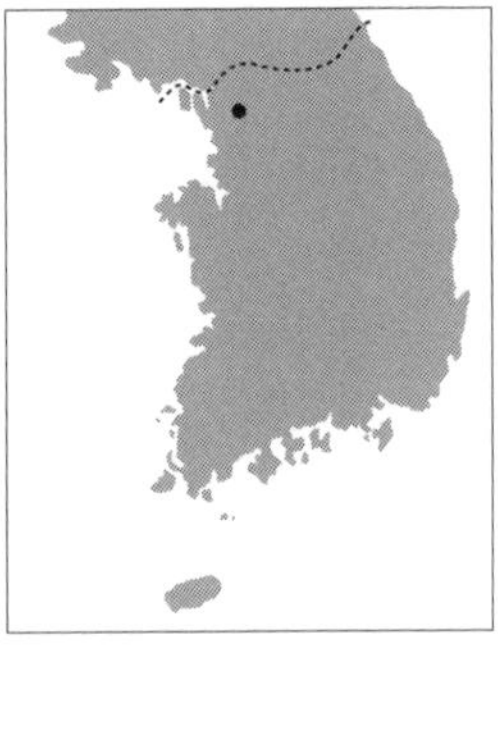

## ◉50万坪の鉄道官舎村址

龍山《ヨンサン》駅といえば、大型マートやショッピングモールがあり、全羅道方面への鉄道のターミナル駅として有名だ。駅のそばにある「ドラゴンヒルスパ」というチムヂルバン（韓国式スーパー銭湯）を利用した人も多いだろう。

近年の再開発ラッシュで駅前には高層マンションが立ち並び、街の様相も以前とは変化してきている。

そんな龍山には、かつて日本人鉄道員のための大規模な鉄道官舎村があったという歴史がある。

１９００年代初頭、日本は戦争を続ける中で物資や兵士の輸送のために朝鮮内に鉄道を建設することが急務と考えた。１９０４年に京義線（現・ソウル〜現・北朝鮮の新義州間）、１９０５年に京釜線（現・ソウル〜釜山間）を開通させたことを皮切りに、国内随所に鉄道を敷設した。

それにともない、全国の鉄道要衝地には鉄道従業員たちの住まいである鉄道官舎や福利厚生施設などが建てられた。その中でも全国で最大規模だったのが、龍山駅周辺に作られた「龍山鉄道官舎村」だ。

当時の配置図を見ると、駅前に鉄道局があり、大通りの両側に多数の鉄道官舎が並ぶ。社交場、運動場、公園も完備されていたのがわかる。そして、駅の北西側には鉄道工場があり、鉄道官舎村全体の規模は50万坪の敷地だったという。

再開発が進んだ今でも、龍山駅から徒歩10分足らずの漢江路洞《ハンガンロドン》一帯に、当時の官舎だった日本家屋が多数残されている。

## ◉鉄道病院が博物館に

ここから大通りを挟んだ向かい側には、龍山鉄道病院だった建物が現存する。

１９０７年に前身の龍山東仁病院として開業。１９２８年に龍山鉄道病院本館として新築されて以降、１９８１年に病院が別の場所に新築移転するまで、70年以上この地で開業してきた。

その建物が２０２２年3月に「龍山歴史博物館」として再生、開館した（入場無料）。

エントランスを入ると、当時のアーチ形の玄関とステンドグラスがそのまま残されている。

龍山誕生の歴史、鉄道の要衝地や鉄道病院としての歴史に関する展示があり、様々な角度から楽しむことができる。特に手術室にあったタイル張りの壁を利用して映しだされる病院時代の様々な歴史的映像が興味深い。

屋上庭園にはグリーンが植えられ、開放的でとても気持ちがいい。

一方で、龍山駅前の再開発により乱立した巨大な高層マンション群に取り囲まれ、まるで巨人に見下ろされている蟻のような気分にもなる。

## ◉ドラマ『マイ・ディア・ミスター』ロケ地の踏切

「龍山鉄道官舎村」の最も線路寄りの道を南西に進むと、京義線の踏切がふたつある。頻繁に列車が往来するため「カンカン横丁」と呼ばれている踏切の周囲には1970〜80年代の建物が多く残っていて、懐かしさを感じる。

ふたつ目の踏切は、イ・ソンギュンとIUが主演した『マイ・ディア・ミスター〜私のおじさん』に頻繁に登場した。パク・ドンフン（イ・ソンギュン）を含むパク三兄弟や友人たちが住む架空の町、後渓《フゲ》にある踏切という設定だ。

第10話には、盗撮されそうなドンフンをかばい、イ・ジアン（IU）がこの踏切の手前でわざと愛の告白をして、ドンフンに叩かれるという切ないシーンがあった。

旧龍山鉄道病院だった建物は 2022 年に「龍山歴史博物館」としてオープンした

「龍山鉄道官舎村」のそばにある京義線の踏切は『マイ・ディア・ミスター』に頻繁に登場する

COLUMN ノムチョアヨ！ 韓ドラ旅〈2〉

# 韓国ひとめぼれベスト選〈お寺巡り編〉

## ●お寺巡りの最高峰「海印寺《ヘインサ》」

仏教を優遇した高麗王朝を滅ぼして建国された朝鮮王朝は、仏教を排斥して儒教を国教にした。この大転換は「崇儒抑仏」と言われた。それでも仏教は生き残った。今も韓国の名刹を訪ねることができるのは幸いだ。

大邱からバスで1時間40分。海印寺に行ったときは本当に感激した。日本でも数多くの仏教寺院を見てきたが、海印寺ほど壮麗な参拝気分に包まれたことはなかった。

何よりも、立地条件が素晴らしい。名峰として有名な伽耶《カヤ》山の山中に海印寺はあるので、まずは相応のハイキングを覚悟しなければならない。それがいいのだ。目に見える景色が心をゆったり落ち着かせてくれる。

特に、行ったときが秋の紅葉真っ盛りであった。美しいモミジが織りなす風景の妙は、忘れようとしても容易に忘れるものではない。

「誰がこの紅葉を讃えないことができるだろうか」

そんな言葉を発してしまいそうになる。そうやって訪れた海印寺の建物群……寺院としての規模は韓国随一と言われるほど圧巻だ。木々の中に巨大な伽藍が次々に立ち並ぶさまは壮観である。

海印寺の建物群は1995年にユネスコ世界文化遺産に指定されているが、その中で2007年に別途で世界記録遺産となったのが「八万大蔵経」だ。大蔵経という仏教の重要な経典が木版によって刻まれている。

作られたのは1236年からの15年間。当時、高麗王朝は蒙古の襲来を受けており、国家が危機に瀕していた。その国難の時期に救国の願いを込めて彫られたのが「八万大蔵経」であった。今は一般公開はされていないが、格子越しにチラリと見ることができる。ズラリと並んだ「八万大蔵経」の膨大な版木。思わず拝みたくなる世界の遺産である。

厳粛な気持ちを残したまま海印寺のバスターミナル付近まで戻ってくると、名物の山菜料理を食べさせてくれる食堂や民宿が並んでいる。

プルコギと一緒に食べたキノコ料理が絶品。まさに「食の世界遺産」に勝手に指定したいほどの味わいがあった。

第5章

# 韓国時代劇がますます見たくなる「歴史と伝統」

# 1 ソウル・景福宮

## 正門となる光化門が向いている方角が歴史を作った！

### ◉象徴的な龍脈

韓国で一番強力なパワースポットはどこだろうか。

これは問答無用でずばりと指摘することができる。

景福宮《キョンボックン》なのである。その根拠を説明しよう。

朝鮮王朝を1392年に建国した初代王の太祖《テジョ》は、それ以前の首都だった開城《ケソン》から遷都して新しい王朝にふさわしい拠点を造ろうとした。

彼は風水《ふうすい》思想の絶対的な信奉者。その風水で最高の吉とされる龍脈《りゅうみゃく》（強力な「気」が集中する場所）を探し回った。絶対条件は「背山臨水」だ。峻険な山が背後にあって前方に大きな川が流れているところが適地だった。

そして、見つけた。それが漢陽《ハニャン》だった。現在のソウルである。漢陽が象徴的な龍脈であることを悟った太祖は、龍脈のど真ん中にあたる「穴《けつ》」に王宮を建てることにした。こうして、朝鮮半島で最強の「気」を受けられる場所に景福宮が造られることになった。

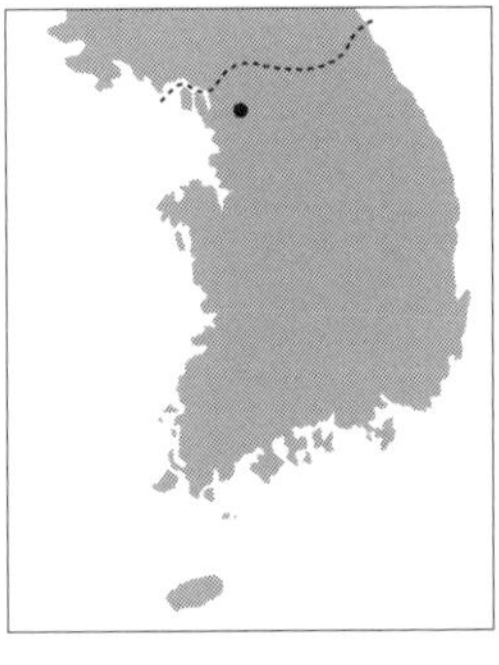

しかし、問題になったのが正門の位置であった。太祖の側近同士の間で大論争が起こったのだ。特に、儒学者の鄭道伝《チョンドジョン》と仏教僧侶の無学《ムハク》大師の対立が深刻だった。

鄭道伝は強調した。

「王朝を長く安定させるためには、国王が堂々と南側に向かって政務を続けることが肝要です」

無学大師は反論した。

「正門を南側に造ると、災いをもたらす山が前にあります。それを避けて東向きに正門を造ることが賢明です」

2人とも太祖が信頼する側近だ。それなのに意見が対立して太祖も大いに迷ったが、最後は決断した。彼は鄭道伝の持論を受け入れたのだ。こうして景福宮の正門となる光化門《クァンファムン》は南向きに造られた。

結果的に、朝鮮王朝は518年間も続く長寿王朝になった。光化門を南向きにして正解だったと言えるだろう。

## ◉王朝絵巻を心で再現

1395年から景福宮の建設が始まった。その命名には、「大きな福を迎える」という意味がある。

以来、景福宮は正宮の役割を果たしたが、それが可能だったのは朝鮮王朝建国200周年に当たる1592年までだった。豊臣軍の攻撃が始まったときに燃えつきてしまったからだ。

それから景福宮は再建されないままだったが、１８６５年になって、国王の威厳を強めようとした26代王・高宗《コジョン》の父の手によって再び正宮に戻った。

さらに１２５年後の１９９０年から本格的な復元工事が始まり、20年以上の歳月をかけて堂々たる景福宮がようやく復活した。

今、光化門の前に立って、南側を向いて両手を広げて胸いっぱいに空気を吸い込んでみる。そこが龍脈の始まりなのだ。朝鮮半島でここ以上のパワースポットはどこにもない。力がみなぎってくる「気」が集まってくるかもしれない。

さらに、光化門をくぐって先に進めば、即位式などが行われた勤政殿《クンジョンジョン》に出る。堂々たる正殿。まさに王宮の顔だ。

その前庭に立っていると、時代劇で見たかのように国王の御前で立ち並ぶ高官たちの姿が思い浮かぶ。まさに、古《いにしえ》の王朝絵巻が今にも再現されるかのような気になってくる。

しばらくして現実に戻り、勤政殿の奥に足を延ばす。王が執務をした思政殿《サジョンジョン》、王の寝室だった康寧殿《カンニョンジョン》、王妃が住んでいた交泰殿《キョテジョン》、外交使節の迎賓館としても使われた慶会楼《キョンフェル》といった壮麗な建築物が再現されて立ち並ぶ。

見られる範囲で外観と内部を丹念に見渡し、しばし王朝時代の残滓《ざんし》に酔う。ノスタルジックな世界は確かに厳しい現実を忘れる癒やしになる。同時に、「今の韓国に国王がいない幸運」を思う。仮に10代王・燕山君《ヨンサングン》のように虐殺ばかりしていた暴君の治世下に生きていたらたまったものではない。悪政は時代劇の中の絵空事に閉じ込めておきたい。

正門の光化門は南側を向いている

朝鮮王朝時代に外国使節の迎賓館としても使われた慶会楼

## 2 ソウル・昌徳宮

# 『赤い袖先』『シュルプ』のロケ地となった王宮の花園

### ◉朝鮮王朝時代の美意識

歴史は最大級のエンタテインメントだ。

韓国時代劇を見ていると、つくづくそう思う。

自国の歴史をこれほど面白いドラマに作り変えることができるのだから、歴史は申し分のない物語であり、生き方の教訓になりうる。

「韓国人のバイタリティには本当に驚きました。特に、子供にいい教育環境を与えるために頑張る姿は凄かったですよ。それまで韓国のことはまったくわからなかったけど、こんなに逞《たくま》しい人たちを育んだ歴史について知りたいと思ったんです」

韓国に来て様々な魅力に気づいた人の言葉が興味深い。

もしも歴史を知るなら王宮を訪ねるのもひとつの手段。その中で情緒的な雰囲気を味わうなら、お勧めなのが昌徳宮《チャンドックン》である。

朝鮮王朝の基盤を作った大王として3代王・太宗《テジョン》の存在感は強烈だったが、彼が威厳を示すため

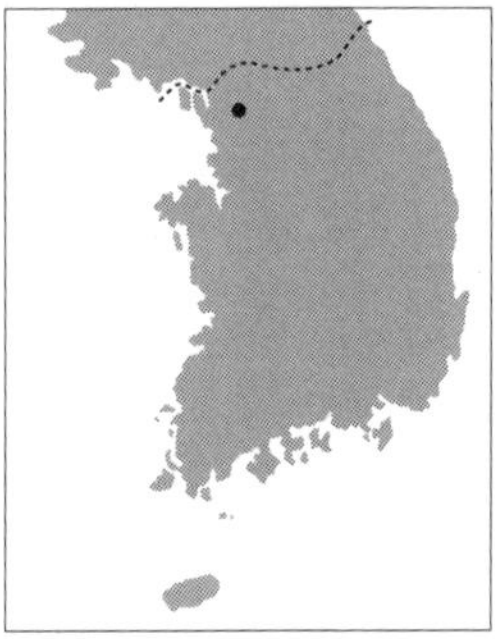

に1405年に建設したのが、景福宮《キョンボックン》の離宮となった昌徳宮である。

ここは、ただの離宮ではない。景福宮が焼失したときには正宮として使われることが多かった。それだけに、景福宮に劣らないほどの各施設は威厳と格式を備えていた。

たとえば、1412年に最初に造られて1608年頃に再建された敦化門《トンファムン》は、現在の韓国で最も年月を経た門となっている。

正門としては狭苦しい印象が残る。周囲のビルも目に入ってしまうからだ。

しかし、敦化門そのものは造形に宿る曲線に優雅さが際立っている。それは、見惚れるほどの美しさだ。

その門を入っていくと、「狭苦しさ」と無縁となって一気に安らぎの空間に誘い込んでくれる。

いよいよ王宮巡りの真骨頂に浸れる。

仁政殿《インジョンジョン》は華麗な伝統様式を受け継ぐ正殿で、室内には玉座も設置されている。

この建物を含めて昌徳宮は、自然と調和するように各施設が配置されていることでもよく知られている。

中でも、木々の緑に囲まれた秘苑《ピウォン》は、「朝鮮王朝時代の自然美の極致」と称される（昌徳宮の一番後ろにあるので後苑《フウォン》とも呼ばれている）。

実際、もとの地形がそのまま生かされており、秘苑に行くと、自然を大切にしていた朝鮮王朝時代の美意識がはっきりと伝わってくる。

## ◉佇まいには特別な情緒がある

思い出すのは『トンイ』に出演したペ・スビンの言葉。彼は『トンイ』のファンイベント（2011年10月に東京で開催）で観客から「ソウルで一番推薦できる観光名所は？」と質問されて、「秘苑が一番です。ソウルの中で最も素晴らしいところです」と語っていた。

まさに秘苑はペ・スビンの言う通りの場所だ。

実際、かつては『宮廷女官チャングムの誓い』でもロケ地として使われたことがある。さらには、『赤い袖先』と『シュルプ』でもしっかり秘苑が登場している。そういう意味で、ここは傑作時代劇と縁が深い場所なのだ。

その中心に芙蓉池《プヨンジ》があり、奥に宙合楼《チュハムヌ》という立派な楼閣がある。その佇まいには、見ていて飽きない情緒がある。

なお、朝鮮王朝後期の名君として今も韓国で尊敬されている22代王・正祖《チョンジョ》は、優秀な人材を育成するために王室図書室を活用したのだが、それが宙合楼に設置されていたという。

静寂に包まれた宙合楼は、まさに学問にふさわしい場所であった。正祖が統治した時代には秘苑にさぞかし優秀な逸材が集っていたことだろう。

その風情は、今も韓国時代劇で再現されている。

たとえば、芙蓉池と宙合楼に囲まれた場所を、『赤い袖先』では朝鮮王朝時代の女官が行き来していた。

正門となる敦化門

手前が芙蓉池、奥が宙合楼

あるいは、『シュルプ』ではキム・ヘスが演じたファリョン王妃が強烈な個性を見せて歩いていた。いや、歩いていたというよりは走り抜けていた、と言ったほうが適切かもしれない。ファリョン王妃は『シュルプ』の中でやたらと疾走していた。

本来は、品を保つためにゆっくり歩かなければならない王族女性が真逆に動いていた……それが彼女の性格を端的に表していたが、静寂に包まれた秘苑の芙蓉池に危うく落ちそうになるような王妃の慌てぶりもまた意表をついていて、可笑しかった。場にふさわしくなかったが、奇をてらうのもドラマのひとつのスタイルだ。

そんな雰囲気を感じたら、なおさら秘苑にいれば、韓国時代劇の傑作を彩った各シーンの感激が甦ってくることだろう。

なお、昌徳宮に入っても個人では気ままに秘苑を見学できない。毎日特別に組まれている団体ガイドツアーに申し込んで、希望者と一緒に見学することが可能となっている。そのことを覚えておけば、当日になって戸惑うこともなさそうだ。

# 3 ソウル・徳寿宮

## 「悲運の王妃」の怨念がこもった王宮を散策すると感慨が深い

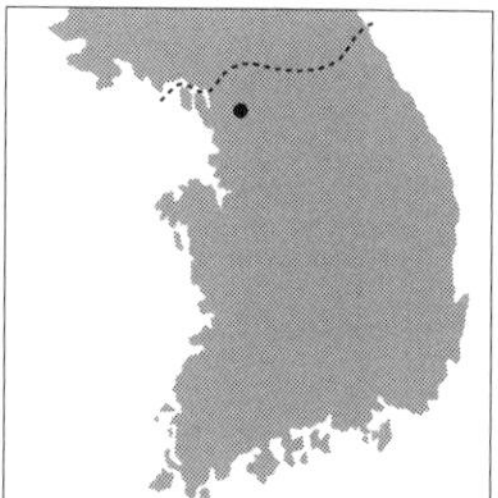

### ◉不遇の時代を経た王宮の名残

ソウル市内にある王宮の中でも徳寿宮《トクスグン》にはとても愛着がある。韓国に行き始めた当初、ソウルではいつもソウル市庁舎の斜め向かいにあったコリアナホテルに泊まっていて、すぐ隣が徳寿宮で、よく散歩に出かけていたからだ。

最初に行ったとき、「王宮にしては狭いなあ」と思った。「こんなものなの？」と拍子抜けしたのだ。

しかし、かつての敷地は現在の3倍もあったのだが、日本統治時代に分割されたうえに売却され、今のように狭くなってしまったという。そんな説明を受けて大いに納得した。同時に、不遇の時代を経た王宮の名残として、徳寿宮にさらに愛着を持つようになった。

徳寿宮は朝鮮王朝時代には慶運宮《キョンウングン》と呼ばれていて、9代王・成宗《ソンジョン》が兄のために造った離宮だった。

1592年、正宮の景福宮《キョンボックン》が豊臣軍との戦乱の中で焼失すると、近くにあった慶運宮が行宮《ヘングン》（仮の王宮）となった。

この慶運宮が歴史的に重要なのは、15代王・光海君《クァンヘグン》が廃位になるときに主要な舞台となったからだ。

話は1623年3月13日のことだ。

王族の綾陽君《ヌンヤングン》が率いたクーデター軍が王宮に入り込んだ。

綾陽君は光海君の甥だが、弟が光海君に殺されていた。あまりに優秀すぎて、王位を奪いかねないと警戒された結果だった。綾陽君は復讐を誓った。

彼は用意周到に準備を重ねて決起した。すでに内通者の協力を得ており、王宮の護衛兵たちも光海君に反旗を翻した。

光海君は捕らえられた。綾陽君は私憤によって政変を起こしたのだが、現実的には誰もが納得する大義名分を掲げる必要があった。

そこで、綾陽君は慶運宮に幽閉されていた仁穆《インモク》王后のもとに使者を送った。彼女から光海君の廃位を公式に認めてもらうためだった。

この仁穆王后は、光海君の父であった14代王・宣祖《ソンジョ》の晩年の正室だったが、王位継承問題がもつれて、息子を光海君によって殺害されていた。そして、自らも慶運宮に軟禁されたのだ。

仁穆王后にとって光海君は、この世に2人といない仇だった。

しかし、意外なことが起こった。仁穆王后が使者を叱り飛ばしたのだ。

慶運宮に仁穆王后の怒声が響き渡った。

「10年間も幽閉されていたのに、今まで誰も見舞いに来なかった。今さら何のためにに、お前たちはのこのこやってきたのか」

使者は追い返された。あわてて、綾陽君が慶運宮にやってきて、中庭でひれ伏した。

その姿に仁穆王后の怒りも解け、彼女は自分の積年の怨みを語った。

「まさか、今日のような日がくるとは、夢にも思いませんでした。ぜひ、私がじかに逆魁の首を斬り落としたい。10年間の幽閉生活を生きのびてこられたのは、ひとえにこのときを待っていたからです」

## ◉積年の怨み

綾陽君に付き添っていた臣下が言った。

「先王ゆえに斬首はあまりにも……」

仁穆王后の表情が変わった。

「私にはかならず晴らさなければならない怨みがあり、これだけは絶対に譲ることができないのです」

仁穆王后は執拗に光海君の斬首を主張した。しかし、廃位にした王をさらし首にすることだけは、綾陽君も絶対にできなかった。

辛抱強く綾陽君は仁穆王后を説得した。

最終的には仁穆王后が折れた。彼女は不本意ながら綾陽君の言うことに従った。

こうして光海君は斬首を免れて島流しとなったが、「仁穆王后が耐えた10年」の話は何度思い出しても心がキュンとなる。朝鮮王朝518年間で、彼女ほど歯をくいしばって無念に耐えた王族女性は他にいなかっただろう。その心情がこの王宮にしみついていると思うと、受ける感銘も並ではない。

19世紀末に慶運宮は再び歴史の表舞台となる。朝鮮王朝は国号を1897年に「大韓帝国」に改めたが、その皇帝即位式を行ったのが慶運宮であった。

しかし、大韓帝国は国力の衰退が著しかった。慶運宮も王宮としての威厳を示すこともできず、1904年には大火によって主要な建物を焼失した。

不運続きを改めようとして、1907年に縁起がいい「徳寿宮」に名称が改められた。

今、正殿の中和殿《チュンファジョン》の前に立つと、朝鮮王朝が経てきた荒波を静かに感じる。「耐え抜くことで確実に残る歴史もある」ということを質素な中和殿の佇まいが物語っているかのようだ。

その中和殿の左側に西洋建築が目立つのは、なんといっても朝鮮王朝末期にこの国が当時の列強に度重なる干渉を受けた名残である。

しかし、無邪気に散策するうえでは、徳寿宮の持つ「東洋と西洋の混在」はなかなか面白い。そこに妙味があるので、ソウル観光のアドバイスを受けるたびに、「徳寿宮は絶対にはずせない」と好んで力説してきたのである。

徳寿宮の正門の大漢門

徳寿宮の正殿の中和殿

# 4 扶余

## ソウルからの日帰りも可能、百済第3の都を徒歩で回る

### ◉百済歴史遺跡地区を散策

まだあまり韓国語ができなかった頃、「ここなら1人でも行けるかもしれない」と選んだのが忠清南道の扶余《プヨ》だった。ソウルからのバスが到着する扶余のターミナルを中心に、主な観光スポットは歩いて回れるからだ。ソウルからの日帰りも十分に可能。

扶余は、漢城（現・ソウル）、熊津（現・公州《コンジュ》）に続き、百済の3番目の都、泗沘《サビ》があった場所。現存する遺跡は少ないが「百済歴史遺跡地区」としてユネスコ世界文化遺産に登録されているので、歴史好きなら一度は訪れる価値がある。

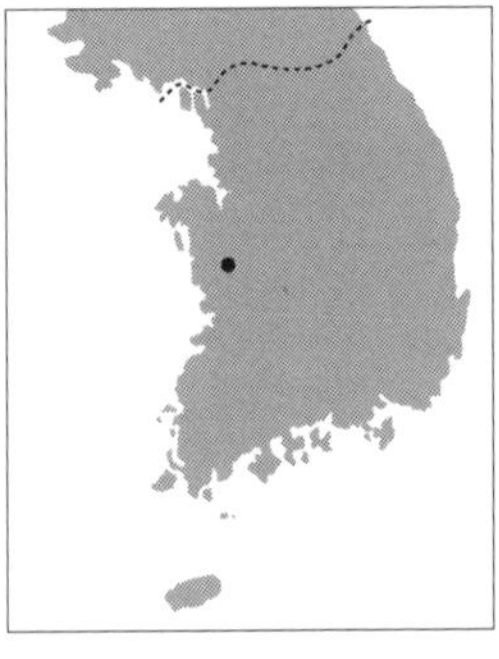

バスターミナルそばのロータリーでは百済第26代王、聖王《ソンワン》像が迎えてくれる。標高１０６メートルの扶蘇山の山頂に築かれた「扶蘇山城《プソサンソン》」は、泗沘城の最後の砦となった場所。扶蘇山城の北側は落花岩《ナッカアム》と呼ばれる絶壁になっている。唐と新羅の連合軍が一気に攻め込んできたとき、大勢の女官たちが忠節と節操を守るために、絶壁から川へ身を投げたという悲しい逸話がある。

遊覧船に乗り白馬江《ペンマガン》の川下りをしながら、女官たちに祈りを捧げよう。

扶蘇山城の南にあるのが、百済が泗沘に遷都した直後に建てられた「定林寺址《チョンニムサジ》」。寺院自体は焼失してしまい、五層石塔のみ残されている。石塔の1段目の石には唐の将軍が百済を滅ぼした功績が刻まれているという。

この寺址に祀られている高麗時代の石仏座像が大のお気に入りだ。以前は屋外で雨風にさらされていたためか、顔の部分がかなり摩耗していて、とても穏やかな表情をしている。この石仏に会いたくて何度も扶余を訪ねてしまう。

滅亡した国の歴史を振り返ってばかりいると、少し気が滅入るかもしれない。そんなときはぜひ「国立扶余博物館」を訪ねてほしい。忠清南道の古代から百済時代までの遺跡や仏教文化の展示品がある。

特に陵山里寺址《ヌンサンニサジ》から発掘された「百済金銅大香炉」は目を見張るものがある。トップの鳳凰、台座の龍以外にも、ワニや翼のある魚などが刻まれており、その美しさと精巧な細工の素晴らしさにしばし見入ってしまう。

## ◉自家製プチトマトを活用

農作物の生産が盛んな扶余。

中でも扶余10品のひとつである、プチトマトを使った料理を提供する「トジョン」という食堂を紹介しよう。

ランチタイムに1人前7千ウォン（注文は2人前〜）で提供されるチョングッチャン（納豆スープ）に、自家栽培のプチトマトを粉末にして加えているという。それほどトマトの風味がするわけではないが、一般的なチョングッチャンより癖が少ないので納豆が苦手な人でも美味しく食べられるだろう。

会計の際に店主にそんな話をしたところ、自家製のプチトマトジュースをプレゼントしてくれた。そんな心遣いも嬉しい。

食後には「宮南池《クンナムジ》」にも足を延ばしてほしい。元宮女とこの池に住む龍との間に生まれた薯童《ソドン》が、思いを寄せる新羅の善花《ソンファ》姫との恋を成就させ、後に百済の武王《ムワン》になったという薯童謡《ソドンヨ》伝説の舞台でもある。

特に7月には色とりどりの蓮と睡蓮の花が咲き乱れ、芳しい香りとともに目を楽しませてくれる。

**●扶余へのアクセス**

ソウル南部バスターミナルから扶余市外バスターミナルまで約2時間。

百済が泗沘に遷都した直後に建てられた定林寺址に残る五層石塔

扶余の特産品であるプチトマトの粉末が入ったチョングッチャン

# 5 慶州
# 古都には神秘的で悠久の時間が佇んでいる

## ◉ 見事なイチョウ

なんか懐かしい。

そんな気分になってくる。

秋の一日、慶州《キョンジュ》の街を見るには、レンタサイクルを利用すると便利だ。観光地図を頼りに走り始めると、延々と続く土塀が見事で、それと並ぶ木々が鮮やかに色づいていた。

美しい小道とはこういう趣《おもむき》を言うのであろう。

やがて、広い前庭の奥に大きな古墳が順序よく並んでいる地域に出た。お椀を伏せたような古墳群は悠久の時間を感じさせ、そこに佇んでいることを素直に感謝した。

空は薄曇りだった。わずかながら日差しがこぼれていた。その光を追っていくと、遠くの山が神秘的に見えた。「荘厳な秋」という雰囲気が濃厚で、古墳群を囲む空気も澄んだ寂寥感をかもしだしていた。

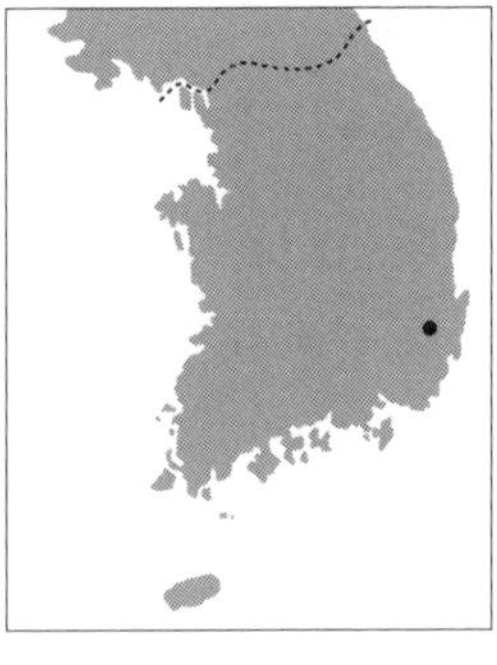

慶州にはイチョウがよく似合う

しばらくそこにジッとした後、自転車を走らせた。

古墳群の南側には古くて軒が低い民家がいくつかあり、古都の奥座敷に入ってきたような気分になって心地よかった。

次には、郷校《ヒャンギョ》がある一角に興味を持った。

郷校は朝鮮王朝時代に造られたエリート学校だ。堂々とした書堂や味のある中庭を見てまわって少し休んだ。

鮮やかに色づいたイチョウが本当に見事だった。

「慶州にはイチョウがよく似合う」

素直にそう感じた。街の至るところでイチョウが風景の素敵な点描になっていて心を和ませてくれる。そういう意味で、慶州を訪ねるのならイチョウが色づく秋がいい。

## ◉郵便配達員の大発見

中庭にはキムチを漬ける大きな甕《かめ》が見えた。あまりに多すぎて嫌でも目に入る。なんとも中世的な光景だと言えるかもしれない。

古代と中世と現代と……。慶州には悠久の時間が混在している。

そうやって貴重なひとときを過ごした後に自転車を返却し、タクシーで仏国寺《プルグクサ》まで向かった。乗車時間は20分くらいだった。

仏国寺の創建は528年と伝えられている（諸説あり）。その後の大造営で巨刹となったが、1

592年から始まった壬辰倭乱《イムジンウェラン》（日本では「文禄・慶長の役」）のときに木造建造物をすべて焼失した。その後、再建されて現在に至っている。

最初に、大雄殿（金堂）に行った。

ふたつの印象的な塔が見える。大雄殿の向かって斜め左側の釈迦塔は形のいい三層構造になっており、斜め右側の多宝塔は幾何学を先取りしたような形を思わせる。ふたつの塔を対照させると独特な調和があった。

「数十年前に泥棒が忍び込んで釈迦塔の中を探したら、宝物が多く出てきて珍しい新発見になったそうです」

そう教えてくれた人がいた。どの歴史的な名所も盗掘が悩みの種だが、ここは盗掘が新発見をもたらした。皮肉なものだ。

大雄殿の中には、菩薩像と仏弟子像を左右に据えて本尊の釈迦仏が安置されていた。この他に、仏国寺のそばでは石窟庵があまりに有名である。

朝鮮王朝時代は儒教が国教となり、仏教は弾圧された。いわゆる「崇儒抑仏」政策が実施されていたのだ。それによって石窟庵も荒れ放題となってしまった。もはや誰も見向きもしなかったという。

復活したのは1909年頃だ。たまたま雨宿りをした郵便配達員が見つけ、日の目を見るようになった。

まさに「偶然の大発見」であった。なにしろ、本尊の釈迦如来坐像は仏教彫刻の最高傑作とも称されている。

大雄殿から1時間くらいゆっくり歩いてから石窟庵に行き、釈迦如来坐像と間近に向き合った。見捨てられていた宝物を発見した郵便配達員に心から感謝した。

数年が経って、石窟庵で拝んだ釈迦如来坐像のことを思い出そうとしたら、目の前ではっきり見たにもかかわらず、当時の印象があまり残っていなかった。

それには、理由があった。仏国寺から石窟庵に行く途上で高松市のご夫婦と一緒になり、初めて会った方々とは思えないほど話がはずんだ。

香川県のこと、韓国のこと、ご夫婦のこと……ゆるやかな山道を行きながら、「袖すり合うも他生の縁」を大いに感じた瞬間でもあった。

そのときに話した内容はことごとく覚えている。縁があって一緒に歩いた山道の風景も記憶に残っている。その反対に、出かけた目的であった石窟庵の釈迦如来坐像についてはあまり覚えていない。

それでいいのだ、と思う。

誰もが知る史跡をなぞることより、偶然出会った人との会話に喜びを見つける……そんな旅を続けたことを素直に喜ぶことができた。

# 6 木浦

## 開港場に残る日本人居留地跡を訪ね、港町グルメに舌鼓

### ◉歴史文化空間を散策

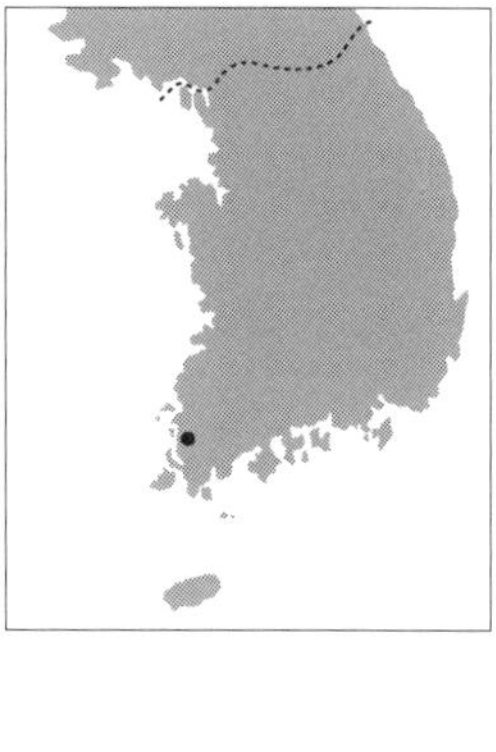

チャ・インピョが主演した映画『木浦《モッポ》は港だ』のタイトル通り、木浦は韓国南西部の全羅南道にある港町だ。

栄山江《ヨンサンガン》の河口に位置するため、収穫した米などの農作物を水路を利用して内陸から港まで運搬することができる。また、朝鮮から見ても貿易による税収の増加が見込まれることから、１８９７年に開港された。以降、釜山、仁川に次ぐ朝鮮三大貿易港のひとつとして、木浦は大きく発展した。

当時、木浦駅の南側から儒達山《ユダルサン》の麓にかけて、日本人を中心とした外国人居留地が形成された。高台の一等地にある日本領事館を中心に海側に向けて道路が整備され、商店、銀行、倉庫などが建てられた。

このエリアは、現在「木浦近代歴史文化空間」と呼ばれる観光スポットとなっている。木浦駅から歩いて回ることができるので、地方旅ビギナーにもお勧めだ。

１９００年に建てられた旧日本領事館は、現在「木浦近代歴史館1館」として公開されている。

アーチ形の窓を配した赤レンガ造りの洋風建築は、高台にあるのでとても目を引く。木浦の近代史に関する写真や展示、各国租界があった当時の木浦の街並みや生活用品の展示がある。

展示品の中に「朝鮮陸地綿発祥の地」という石碑がある。内海にある高下島《コハド》に設置されていたものだ。

1904年に木浦に赴任した日本領事が、湿度が高い日本では生育しなかった高品質で多収穫の陸地綿を高下島で栽培して成功した。そのため、内陸の穀倉地帯で収穫した米、干潟で精製した塩とともに、木浦は「三白（米、綿、塩）の故郷」といわれるようになった（参照／「木浦近代歴史館1館」展示解説）。

「木浦近代歴史館1館」は、『ホテルデルーナ〜月明かりの恋人』のロケ地としても有名だ。館内にはドラマのホテルスタッフの制服を着て写真撮影できるコーナーも設けられている。

旧東洋拓殖株式会社木浦支店の建物を再生した「木浦近代歴史館2館」も合わせて見学してほしい。

## ◉港町グルメを堪能

「木浦近代歴史館2館」の向かいには、1930年代築の日本家屋を再生したカフェ「儒達洞《ユダルドン》のロマンス」がある。

店内には全国から集めたという1930年代の小物が所狭しと飾られていて、その時代にタイムスリップしたような感覚に陥る。陸地綿栽培成功のエピソードにちなんで天井に白色のドレープ布

赤煉瓦造りの「木浦近代歴史館１館」は『ホテルデルーナ～月明かりの恋人』のロケ地でもある

1930 年代に建てられた日本家屋のカフェで楽しんだ小豆ラテとカレトック（棒状の餅）

があしらわれており、そのセンスが最高だ。

手作りの国産小豆の味を楽しめる小豆ラテと、季節のフルーツが添えられたカレトック（棒状の餅）を楽しんだ。あまりの美味しさにどんどん食べ進んでしまう。いずれも忘れられない味となった。

港町木浦ならではの海鮮グルメも紹介しよう。

木浦9味のひとつである「ナクチ（テナガダコ）料理」。駅の近くにある「トクチョン食堂」が有名だ。

木浦とその周辺の干潟に生息するナクチは、一般的なものより小ぶりで足が細く「セバルナクチ」と呼ばれている。割りばしに巻き付けたナクチにヤンニョム（薬味だれ）をつけて焼いたものや、生のナクチを包丁で叩きゴマ油とニンニクで食べるなど、料理のバリエーションが豊富だ。

6〜10月に旬を迎える高級魚「ニベ」も木浦9味のひとつ。

木浦駅から南西に10分ほど歩くと、専門店が軒を連ねる「木浦ニベ通り」がある。しっかりとした食感の白身魚を刺身で食す。皮、浮袋、ヒレまでも調理して楽しむのが特徴だ。

## ◉美しい海景色を楽しむ

「木浦ニベ通り」の南にある細い坂道を上っていくと、見えてくるのが「木浦鎮址」。朝鮮王朝時代に水軍の陣営が置かれた場所で、高台にあるためフェリーターミナルや木浦の海を一望できる。

木浦には美しい海景色を楽しめる場所がまだまだある。

木浦のシンボルともいえる標高228メートルの儒達山も絶景を堪能できるスポット。一等岩の傍には、日本統治時代に壁面に彫られた不動明王と弘法大師を見ることができる。

中でもお勧めしたいのが、儒達山北側の北港ステーションから、儒達山ステーションを経由して対岸にある高下島ステーションまでを結ぶ「木浦海上ケーブルカー」。2019年9月にオープンし、全長3・23キロと海上ケーブルカーとしては国内最長。片道20分で運行している。

イ・ビョンホン、イ・ジョンウン、ハン・ジミンなど豪華俳優陣が出演して話題となった『私たちのブルース』。鮮魚店を営むチョン・ウニ（イ・ジョンウン）が、初恋の相手チェ・ハンス（チャ・スンウォン）に誘われ、このケーブルカーに乗るシーンが登場する。

儒達山ステーションを過ぎると眼下に広大な海が広がり、本土と高下島とを結ぶ木浦大橋やポコポコと浮かぶように点在する島々が一望できる。海上を行き交う船舶が描く白波の曲線も美しく、眺めていると胸が躍る。

高所恐怖症でなければ、床面が透明素材のクリスタルキャビンの利用をお勧めしたい。海との一体感をより感じることができるからだ。

高下島に到着したら、枕木を再利用した150段の階段を上り、展望台へと向かう。

高下島は、1597年の鳴梁海戦で李舜臣《イスンシン》将軍率いる朝鮮水軍が、13隻の板屋船で豊臣軍を迎え撃ち勝利した場所だ。それにちなみ、この展望台は、板屋船が積み上げられたデザインとなっている。

エレベーターがないのがつらいが、階段を利用し最上階まで上がると、目の前に木浦大橋が見え、青い空と広い海を一望できる。全身で海風を感じながら絶景を満喫しよう。

夕暮れ時にお勧めしたいのが「木浦スカイウォーク」。2020年7月、儒達山の西の麓にオープンした。タクシードライバーには「儒達遊園地」という名称の方が耳馴染みがいいようだ。

高さ15メートルの海上展望台から木浦大橋の向こうに沈む夕日を拝む。茜色に染まる空は、大変美しく幻想的である。

# 7 ソウル・三田渡

## 石碑がたどった運命こそがまさに過酷な歴史だ

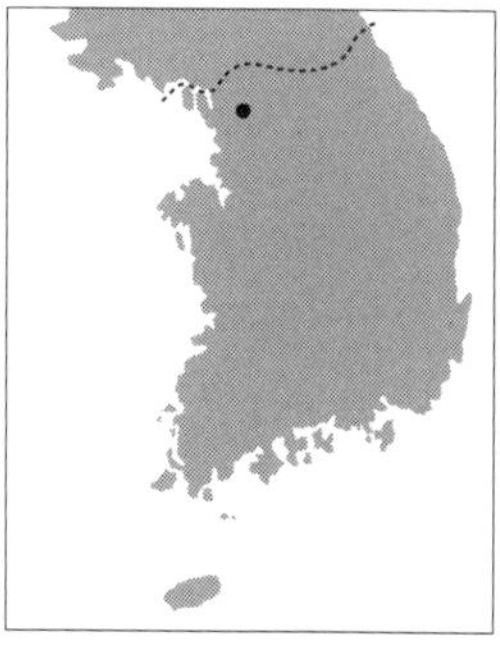

### ◉朝鮮王朝最大の屈辱

イ・ビョンホンが主演した映画『南漢山城』（2017年／邦題『天命の城』）が日本で公開されるとき、パンフレットで歴史解説の原稿を書いた。

その後、「三田渡《サムチョンド》の碑」が今どうなっているのかが気になって、韓国に行った際にすぐに訪ねてみた。

ソウルの松坡《ソンパ》区にある石碑についてタクシーの運転手さんはその存在をまったく知らなかった。近くの公園に行ってからも、ジョギングをしている若者や散策をしている年配者に聞いてもわからなかった。これほど重要な歴史的な史跡がすぐそばにあるというのに……。

「朝鮮王朝最大の屈辱」と言われる歴史の痕跡を記した史跡に興味を示さないのも、ある意味では仕方がないのかもしれない。誇れることではなく、むしろ忘れたい屈辱なのだから。

しかし、この石碑が現存している経緯そのものが、本当に貴重な歴史物語であったと言える。それゆえ、かならず自分の目で確認しておかなければならない、と思った。

まずは、石碑が生まれるに至った大事件から説明してみよう。

始まりは1636年12月だった。

旧満州（現在の中国東北部）を支配した強力な「後金」が、国号を「清」と変えたあとに10万人を超える大軍で朝鮮半島に攻めてきた。

朝鮮王朝の16代王・仁祖《インジョ》は清の強さを恐れて、都の王宮を逃げ出し、漢江《ハンガン》の東南側にある南漢山城《ナマンサンソン》に籠城した。

一緒に城にこもったのは官僚たちと兵士の1万3千人だった。彼らは、食糧も満足になかったので、飢えに苦しんだ。

しかも、厳寒期で寒さが生半可ではなかった。

籠城しているときの仁祖は、食べるものもわずかで、固い床にムシロを敷いて寝ていた。国王ですらこの有様なので、兵士に至っては最悪の生活ぶりだった。

そんな中で意見が真っぷたつに分かれた。

「降伏すべきだ」

「徹底抗戦しなければならない」

高官たちは激しく言い争った。

最後はあまりの飢えと寒さで籠城が不可能になって、40日あまりで仁祖は降伏せざるをえなくなった。

## ◉反骨の象徴

１６３７年１月、清の皇帝の前に引っ張りだされた仁祖は、地面に額をこすりつけて何度も謝罪をした。

「国王があんなぶざまな姿になって……」

そばにいた官僚たちは慟哭《どうこく》した。

このとき、仁祖が謝罪した場所が漢江のほとりの三田渡であった。歴史的には「三田渡の屈辱」と言われる。

ただし、屈辱は謝罪だけでは終わらなかった。

清は朝鮮王朝に対し、石碑を建てて歴史的な経緯を形で残すことを要求した。

それを朝鮮王朝は拒むことができず、「大清皇帝功徳碑」と称した石碑が１６３９年になって建立された。

石碑の文章は、「愚かな国王の行いによって偉大な清に降伏した経緯や清の皇帝を讃える内容」となっており、表側の左にモンゴル文字、右に満州文字、裏側には漢字が刻まれた。

これだけの文字が刻まれているので、石碑は17世紀における３つの言語を研究するうえで重要な第一級の史料となっている。しかし、この石碑を残し続けることは、自国の負の歴史をいつまでも消せないことを意味していたのだが、清に強要された石碑なので朝鮮王朝はどうすることもできなかった。

転機が訪れた。1895年、日清戦争で清は日本に敗北して朝鮮半島での影響力を失った。26代王・高宗《コジョン》は、碑文の屈辱的な内容に我慢できなかったので、石碑を地面に埋めるように王命を発した。

こうして、地中に埋まった石碑だったのだが、植民地時代の1913年に日本の指示で掘り返された。再び「屈辱」が世に出てきた。それから43年後の1956年、韓国政府の指導によって再び石碑は地面に埋められた。このあたりは、石碑の扱いがめまぐるしく変わっている。

結局、石碑は洪水が起こったときに再び地上に姿を現したので、1963年に史跡第101号に指定された。

2010年、石碑は本来あった位置に近い場所に移設されて、現在に至っている。その場所は蚕《チャム》室《シル》のロッテワールドタワーを見上げる場所にある。

石碑には屋根が付いていて雨をしのげるようになった。風雨にさらされたり地中に埋められたりした過去とは違って、今は国指定の史跡として丁重な扱いを受けている。

国も人間も屈辱から這い上がる。そこにドラマ性があり、反骨は生きているかぎり失くしてはいけない精神性なのである。

そのことを「大清皇帝功徳碑」は今も韓国の人たちに教えている。

# 8 益山

## 日本統治時代の面影を訪ねて「文化芸術通り」を歩く

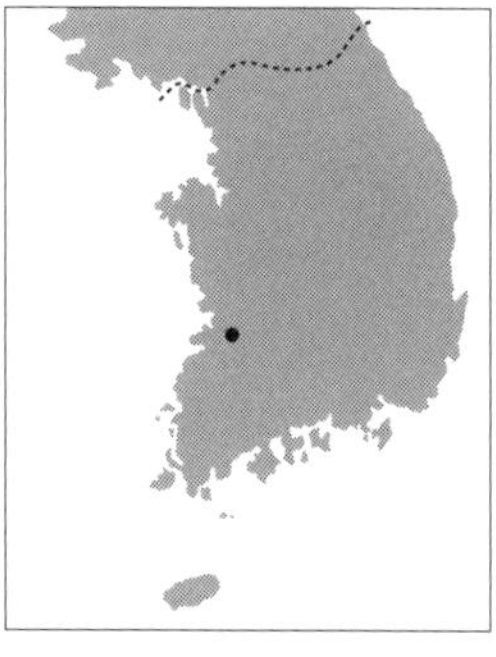

### ◉かつての栄町通り

「私が住んでいる益山《イクサン》に遊びに来て！」

トラベルライターのあんそらさんからの誘いの言葉がきっかけで、実に７年ぶりに益山を訪問した。

韓国南西部に位置する全羅北道の益山市。

７世紀の百済・武王《ムワン》の時代に築かれた王宮址や山城、王陵、王を祀る寺址があることから、益山には百済の都があったと推測されている。

また、韓国最大の湖南《ホナム》平野に位置する益山には、日本統治時代に大勢の日本人が居留し、収穫した米を隣接する群山《クンサン》の港を通じて日本へ運んだという歴史もある。

そんな益山にあんそらさんが住み始めたのが２０２１年12月。以降、自身の住む街の魅力をＳＮＳやイベントを通じて精力的に伝えている。

その中で最も気になったのが、益山駅近くに日本統治時代の建物が多数残されている通りがあるという情報。益山には何度も足を運んでいるが、この事実は知らなかった。

２０２２年12月にあんそらさんの案内で、益山駅の東口から徒歩5分ほどの「益山文化芸術通り」を歩いてみた。

１９００年代に益山に移住した大勢の日本人は、大規模農場の経営や商売を始めた。

１９１２年に湖南線と群山線の開通に伴い、裡里《イリ》駅（現在の益山駅）が開業すると、この通りを中心に駅周辺に日本人居住地が形成された。当時この通りは「栄町通り」と呼ばれていたという。

## ◉懐かしい文字フォントの看板

「益山文化芸術通り」を入り、２ブロック目の角に、１９２８年に開業した堂本百貨店だった建物がある。２階に５つ並ぶ縦長の格子窓がとてもおしゃれだ。

現存する建物は、日本家屋だとわからないように屋根の手前に装飾を施した看板建築の木造店舗付き住宅。京都の町家のように間口が狭く奥行が長い。掲げられた看板には、近年では見られない趣のある色合いと味のある文字フォントが使われていて、今や稀少性が高い。

「益山近代歴史館」は、１９２２年に開院した三山医院だった建物を移転復元したもの。白色の帯状の装飾を施した美しい近代建築だ。

内部には益山と三山医院の歴史、抗日運動や解放後の変遷史などが展示されている。

この訪問の数日前にあんそらさんから、「近代歴史館の向かい側の建物にシートが張られていて、オフィステル（事務所や住居用のワンルームマンション）になるらしい」との悲しい連絡をも

日本統治時代の1928年に開業した堂本百貨店だった建物

「夜来香」のオリジナルであるテンジャンチャジャンは優しい味噌味のジャージャー麺

らった。

これまで再開発で取り壊されてしまった歴史的意義のある建物を数多く見てきたが、利便性と過去の歴史の保存のどちらを優先させるか、大変難しい問題である。

別の大規模マンションの建設現場の一角に、取り残されたように建つ近代建築がある。

1930年に建てられた旧益沃《イクオク》水利組合の事務所だ。屋根の上部が緩勾配、下部が急勾配となっている2段階の傾斜面をもつ屋根がある木造建築。倉庫として使用された建物も残されている。農業用水の灌漑のために設立された組合という名目とは裏腹に、実態は米の生産量を増やす収奪目的だった。

この建物の3階部分で映画『空と風と星の詩人〜尹東柱《ユンドンジュ》の生涯』と、イ・ヨウォン、ユ・ジテ主演の『イモン〜禁断の愛』の撮影が行われたそうだ。

## ◉絶品のテンジャンチャジャン

日本統治時代には、中国山東省出身の華僑も大勢益山に移住。この通りで中華料理店を営んでいたそうで、1980年代に最も賑わっていたという。現在は2軒のみ営業を続けている。

そのうちの1軒である「夜来香《ヤレヒャン》」へ入店した。

1940年に初代が開業。現在は76歳になる2代目とその息子である3代目が初代の味を守り続けている。

あんそらさんの勧めでこの店オリジナルのテンジャンチャジャン（味噌味のジャージャー麺）を

食べた。

普通のチャジャンミョンより麺が細くて柔らかく、日本の味噌のようなまろみがある味のあんかけがかかっていてとても美味しい。これは日本人にウケそうだ。

実は13時頃にこの店の前を通りかかったのだが、長蛇の列ができていたので来店時間をずらした。この数日前にグルメ番組でこの店のマンドゥ（餃子）が紹介されたため、大勢の客が詰め掛けたそうだ。

「マンドゥ作りで大忙しで、座る暇もなかった」とぼやきつつも、大勢の来客に嬉しそうな2代目店主が、青島ビールをご馳走してくれた。

**●益山へのアクセス**
ソウル駅から益山駅までKTX（韓国高速鉄道）で約1時間25分。

# 9 順天

## かつて鉄道官舎村だった日本家屋で暮らす人々

### ◉鉄道官舎村の観光地化に成功

日本統治時代に造成された鉄道官舎村を再生させた街がある。順天《スンチョン》駅の北側にある「稠谷洞《チョゴクトン》鉄道文化村」だ。

順天は韓国南西部の全羅南道にある。改札を出て北側にある歩道橋を渡り5分ほど歩くと、碁盤の目のように区画整理された街が見えてくる。

１９３６年に全羅北道の裡里《イリ》（現在の益山《イクサン》）駅を発着する鉄道が順天駅まで延長され、順天鉄道事務所で働く日本人従業員のための鉄道官舎村が造成された。

官舎は、上級の4等から下級の8等まで5等級に分類されていた。駅から最も遠い北側に4等官舎が置かれ、駅に近づくにつれ等級が低い官舎が配置された。2世帯が1棟の長屋、全１５２世帯で形成されていた。

１９６０年代に一般開放されたのち、現在は韓国鉄道公社（ＫＯＲＡＩＬ）職員の社宅として利用されている。

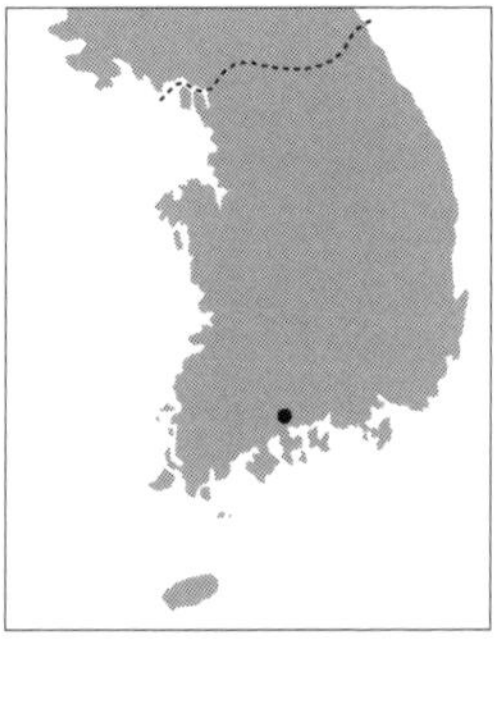

高台から見た「稠谷洞鉄道文化村」は道が整備され日本式家屋が建ち並んでいるのがよくわかる

5等級の官舎は上級官舎らしく丸い飾り窓があり室内もかなり広い

当時、村の中央には鉄道会館という社交場、沐浴湯、プールなどの施設を設置。ソウルの龍山《ヨンサン》と並ぶ大規模な鉄道病院、グランド、合宿所、寄宿舎、配給所がある鉄道職員たちの総合コミュニティだった。

2013年に湖南《ホナム》鉄道共同組合が結成された。順天市の支援を受けて、かつての鉄道官舎村を「稠谷洞鉄道文化村」として再生。祭りやイベントを開催し、積極的に観光客誘致を行っている。

鉄道村の中央にあるハヌル階段を上ると、「汽笛の音展望台」から街並みを一望できる。

また、村の入口には「汽笛の音」というカフェがある。かつて鉄道員向けの食料品や生活必需品の配給所があった場所だ。エントランス手前には短い線路が敷かれ、店内には当時の鉄道員や官舎の写真、鉄道関連の備品などが展示されている。

その向かいには鉄道博物館がある。当時の鉄道員の制服、業務日誌、年表といった歴史の展示とともに、ミニ汽車乗車体験、汽車塗り絵など子供の体験学習館となっている。

## ◉日本人の暮らしの面影が残る

初めて稠谷洞鉄道文化村を訪ねた2014年、偶然この文化村の再生事業に携わった組合事務局長と知り合い、幸運にも5等官舎と7等官舎の内部まで見学させてもらうことができた。

2軒ともすっかりリフォームされているが、玄関のたたきに貼られた水色と白のモザイクタイルや、かつて仏壇を祀っていたであろうスペースなど、日本人が暮らしていた痕跡が残されていた。

7等官舎に住む80代（取材当時）のハルモニは、韓国で生まれて7歳のときに長崎へ渡り、日本の国民学校に通っていたそうだ。17歳で終戦を迎えて韓国に帰国。22歳で鉄道員と結婚して子供にも恵まれたという。

戦後70年（取材当時）経ち、日本語はほとんど忘れてしまったものの、「17歳」「国民学校」といったキーワードは今でも覚えていた。

また、日本語で「食べなさい」と、チヂミやドーナッツを勧めてくれたり、大きな梨も剥いてくれたりした。

「質問するのがはばかれるのですが、かつて日本人が住んでいた家に住むということに抵抗はなかったですか？」と質問してみた。

「ここに住み始めたのは解放からかなり年月が経ってからなので、以前日本人が住んでいた家だなんて知らなかったのよ」と、意外にもさっぱりとした回答だった。

現在は庭でキムチ用の白菜や大根をはじめ、自家用の野菜を育てているという。

帰り際には私をギュッと抱きしめてくれた。そんな心温まるハルモニとの時間が忘れられない。

## ◉鉄道職員愛用の食堂

鉄道村散策でお腹が空いたら、村の中にある「官舎食堂」に立ち寄ってほしい。

２０１６年8月末に「稠谷洞鉄道文化村祭り」に参加した後、知り合った仲間とこの食堂を訪れた。店頭で焼くコノシロからもうもうと上がる煙と芳しい香りがたまらなかった。

日本人が秋にサンマを食べるように、韓国人にとっては秋の魚といえばコノシロなのだ。

2017年に再訪したときはサムギョプサルを食べた。店主が育てた新鮮なサンチュで巻くと、豚肉の旨味が引き立つ。

この時店主に頼まれて韓国語と日本語で書いたメッセージが今でも店内に貼られていると、2022年末に友人から連絡が来てびっくりした。

### ●順天へのアクセス

ソウル駅から順天駅までKTX（韓国高速鉄道）で約2時間50分。

# 10 友鹿里
## 堪能した野趣たっぷりのマッコリと蒸し鶏が忘れられない

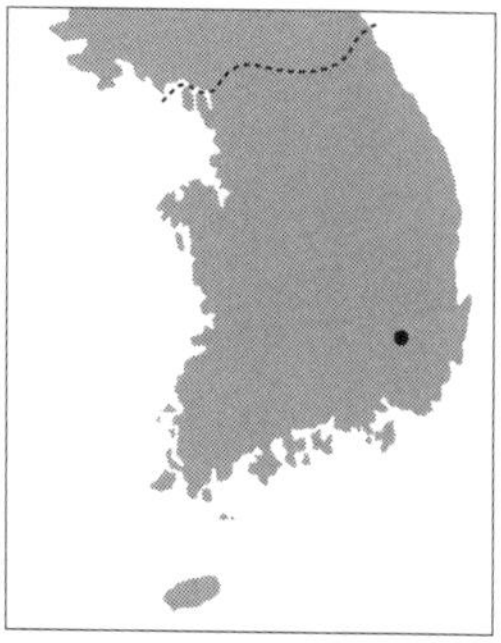

### ◉日本武将の子孫の村

韓国で遭遇した飲食の場で一番感激したことを話したい。

それは、1998年11月に大邱からタクシーで30分ほどの友鹿里《ウロンニ》に行ったときのことだ。なぜそこへ行ったかというと、壬辰倭乱《イムジンウェラン》（日本では「文禄・慶長の役」と称される）のときに朝鮮王朝側に味方した日本武将の子孫の村を訪ねるためだった。

韓国側の文献によると、豊臣軍の精鋭部隊を担った加藤清正の部下だった沙也可という武将が、義のない戦いを嫌って朝鮮半島に入ってすぐに朝鮮王朝側に味方したという。沙也可の行動は14代王・宣祖《ソンジョ》に称賛されて、彼は「金忠善《キムチュンソン》」という姓名を賜り、領地として友鹿里を与えられたという。

こうして、友鹿里（現在は友鹿洞《ウロクドン》）は「日本武将の子孫の村」として現在も存続している。この歴史的な事実に無性に興味を持った。

友鹿里はのどかで自然が美しい村であった。あらかじめ書籍で調べておいたキーパーソンに会って歴史的な経緯を聞こうと思って家を訪ねたら、すでに亡くなっていた。

失望したが、現実を受け止めなければならない。気持ちを落ち着かせて、沙也可こと金忠善を祀る鹿洞書院に行き、金忠善の遺品を展示する忠節館を見て回った。

金忠善は日本にいるときから朝鮮半島の儒教的な価値観を慕い続け、友鹿里に定着してからも帰化人として戦乱の平定に尽力した、という半生が史料で紹介されていた。

鹿洞書院の見学を終えても友鹿里を去りがたく、川沿いのイチョウ並木の道を散策していた。すると、閑散としていた村内が急に賑やかになった。通りを往来する人が増えてきたのだ。地元の人に理由を尋ねると、「今日は年に一度子孫が集まる日。金忠善の墓の前で祭祀がある」と答えてくれた。

思いがけない朗報だった。喜びながら、教えられた山道をひたすら登っていくと、眼下に村が一望できた。紅葉に彩られた美しい風景だった。

さらに山道を登ると、林が切れて広場になった。そこには、ダーク系のスーツを着た男性がたくさん集まっていて、韓服を着た年配者もいた。総勢は70人ほどだった。

そんな彼らの目の前に立派な墓が見えた。間違いなく金忠善の墓だ。

## ◉祭祀の後の宴会が最高

整列していた人々の中央にいた方に挨拶すると、名刺をくれた。「金忠善宗親会会長　金在錫《キムジェソク》」と書いてあった。

会長が言った。「今日は命日ではないのですが、年に一度、各地から子孫が集まってきて、先祖を祀るのです」

そんな特別の日に私が出くわすとは……。これほどの偶然があろうか。真摯な気持ちで金忠善の墓に感謝した。

私が見ている目の前で、韓服を着た長老が金忠善を祀る儀式を仕切っていき、参列者は身を正して墓に祈りを捧げていた。

祭祀が無事に終了すると、墓の周囲のあちこちで野宴となった。これが大変なご馳走だ。少人数のグループごとに車座になり、蒸《ふ》かした鶏肉をナタで派手にぶつ切りにしていた。その作業には野趣に満ちた大胆さがあった。

私も宴会に加えてくれたが、塩とごま油を加えた鶏肉の旨さは格別だった。さらに、喉を鳴らしたのがヤカンに入ったマッコリだ。お椀になみなみと注いでもらって一気に飲み干した。酸味がほどよくて、喉越しが良かった。見た目は濁っていて何かが浮いている雰囲気もあったが、手造り感が強烈でその場に合っていた。

どんどんマッコリを勧めてくれる。卵焼きの中に野菜や鱈が入った焼き物も絶品だった。

参加者のみんなの顔が赤くなっていく。おそらく、私は極端に真っ赤になっていただろう。それでも、どんどん周囲がマッコリを勧めてくる。

韓国人には、とことんおせっかいな人が多い。こちらが距離を保とうとして1歩引くと、逆に2歩踏み込んできたりする。それが、人に何か尽くしたいという自分の気持ちの押しつけであることも少なくない。

しかし、そこがまた韓国の楽なところなのだ。韓国はなんでも「ケンチャナ（大丈夫）」で済んでしまうから。それが合う人と合わない人がいるのは確かだが、もし合うなら、初対面からいきなり心の中に踏み込んでくる韓国スタイルは小気味よいかもしれない。

しかも、今は祭祀の後の宴会だ。金忠善の子孫たちに饗応してもらえた秋の1日は気分がいい。彼らが話す「身内の噂話」を聞きながら飲むマッコリと食べる蒸し鶏は最高の味わいだった。

ここからは後日談だ。

この野宴で知り合ったご婦人がいた。当時、70代と思われる。もともと日本で生まれた在日韓国人であったが、縁があって友鹿里に嫁いだという。沙也可と同様に、彼女も「日本から朝鮮半島へ」という道をたどったのだ。

手紙のやりとりが数回続いた。その文面には「息子は志願してベトナム戦争にも行っています」と記されていた。「なぜ志願したのか」とは聞かなかったが、文面からは「日本武将の子孫の村に生まれた者の務め」が察せられた。朝鮮半島が日本の植民地になっていた当時、友鹿里は「謀反の村」として肩身が狭かったという。解放後は負い目がなくなったが、国に尽くすという気概が村で生まれた男子の心情に残り、それが「ベトナム戦争での志願」という動機に結びついたと推察される面があった。

友鹿里は運命的に日本と韓国の歴史を背負い続けている。

第6章

# あこがれの「情緒あふれる町」を歩いてみたい

# 1 河回村

## 長い時空を超えてきた神秘的な村で悠久の時間を過ごす

### ◉不思議な妖気

朝、起きてみたら、世の中が一変していた。

世界がこんなに幻想的になっているなんて。

濃い霧がたちこめている。

何も見えない。

まるで嫌なものをみんな隠してしまうかのように。

ここは河回村《ハフェマウル》。

何も見えないのに、とにかく歩き出した。霧の先に何があるのか見当がつかない。

霧の中でも、何かに近づくと少しずつ見えてくる。

何百年前に建てられた重厚な屋敷の数々が……。

不思議な妖気に引き込まれる。霧の中に点在している古い家並みは昔のままに残っており、すべてが時空を超えて情緒的に佇んでいた。

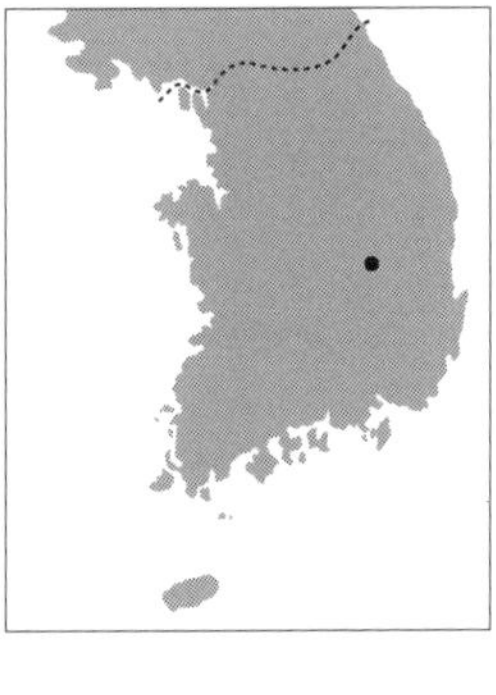

しかも、暮らしている人たちの生活が霧の中で少しずつ垣間見えてくる。それぞれの民家が共有している建築の美が心を鎮めてくれる。

安東《アンドン》市のバスターミナルから約40分の河回村は、朝鮮王朝時代の大政治家の柳成龍《リュソンニョン》の出身地としてもよく知られている。生家は周囲を威圧するような風格を感じさせた。俳優のリュ・シウォンは柳成龍の子孫だと聞いたことがある。河回村は伝統主義に基づく名門の一族を輩出してきたところなのだ。

ある家の中庭で発酵した大豆を鉢の中ですりつぶしていた年配の女性に声をかけて、家が建ってどのくらい経つのかを聞いてみた。

「200年以上は超えているはずです。このあたりではまだ新しいほうかな」

そう答えた人は素朴に言ったが、「200年以上」が「新しい」という感覚に「恐れ入りました」と素直に首《こうべ》を垂れたい気持ちだった。その人も、古い民家に負けないほど情緒を持っていた。

## ●歴史の連続性を物語っている

村を回っている間に徐々に霧が晴れてきた。すると、今まで気がつかなかった堤が見えてきた。その堤に上がると、素晴らしい水辺の景色が展開されていた。

川は洛東江《ナクトンガン》。村を取り巻くように川が蛇行しており、それが「河回村」の名前の由来だ。川は青く幅広く流れていた。早朝に川の蒸気が村に上がってきて霧が発生し、太陽が昇るにしたがって気温が上がって消えていった。

「この村はこんなに美しい景色のそばにあったんだな」

そう思うと、古い民家の家並みが一層いとしくなってきた。

洛東江の対岸には岩山が荘厳な姿を見せていて、白樺の林が凛と立っていた。さらに、白い砂が広々と見えていた。

そうした川辺の風景に見とれていると、大勢の人たちが村に姿を見せ始めて、静寂が失われた。世界は幻想的ではなくなった。それにともなって、人の声が大きく響く現実に戻らなければならなかった。

数年が経ってから、再び河回村を訪ねた。

古い民家がそれぞれ民宿になっている一帯があったので、好みに合いそうな民宿にやっかいになった。トイレも何もかも不便であったが、不便であることを楽しめる余裕を持てることも河回村が教えてくれた。

夜、たまたまの満月が巨大なアンズのように見えた。暗闇を一気にくり抜くような「とてつもない存在感」であった。

我を忘れた。ゆえに、我あり。

そんな気持ちでずっと満月を見ていた。

河回村では月さえも、歴史の連続性を雄弁に物語っているかのようだった。

# 2 江原特別自治道
## 東海岸で海と共存できる観光スポット

### ◉ロマン街道と海列車で楽しむ海

韓国の東海岸の海は、東海《トンヘ》と呼ばれる。

北東部にある江原《カンウォン》特別自治道には、この東海に沿って最北端の高城《コソン》から南部の三陟《サムチョク》まで約２００キロに亘る海岸道路が続く。「ロマン街道」と呼ばれるこの道路からは、荒々しい海と奇怪な岩など東海岸らしい景色を楽しむことができる。

また、江陵《カンヌン》から東海を経由し三陟へと続く約53キロの海岸線には「海列車《パダヨルチャ》」が運行されている。オーシャンビューのシートも用意され、車窓から東海岸を満喫できる。

ユ・ヨンソク、ムン・ガヨン主演の大人の恋愛ドラマ『愛と、利と』には、オープニング映像も含めて江原特別自治道の海が登場する。

自分の気持ちに正直になれないサンス（ユ・ヨンソク）と、本心を見せないドライなスヨン（ムン・ガヨン）の言動に、やきもきした視聴者も多いのではないだろうか。

第9話でＶＩＰ顧客の葬儀に参列したサンスとスヨンが、途中下車したのが江陵市にある正東津《チョンドンジン》

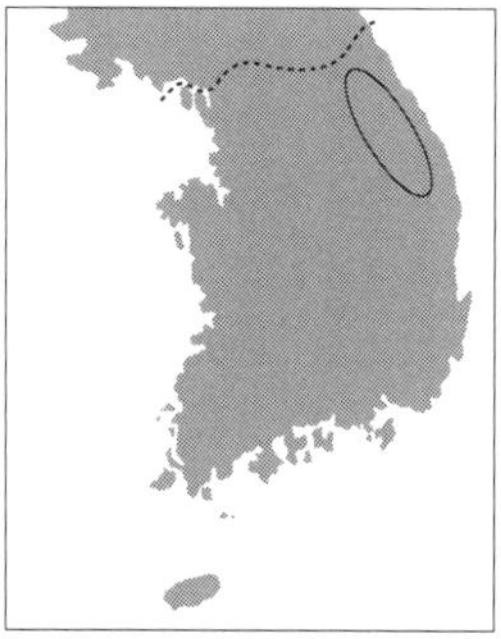

駅だった。

裸足で砂浜を歩くスヨンが、「水が冷たくない」と嘘をつき、それにだまされたサンスは、靴ごと波をかぶりびしょ濡れになる。普段はあまり感情を見せないスヨンが、サンスの姿に笑顔を見せたのが印象的だった。

「海に最も近い駅」といわれる正東津駅には、日の出の時刻に合わせて大勢の観光客が集まり、海から昇る太陽を待ちわびる。

2012年7月に訪問したときは、運悪く小雨がぱらつき朝日を拝むことができず、残念な思いをした。

この正東津駅は、チェ・ミンス、コ・ヒョンジョン、イ・ジョンジェ出演の不朽の名作『砂時計』の舞台としても有名だ。「正東津砂時計公園」には、直径8メートルあまりの巨大なミレニアム砂時計がある。

『愛と、利と』第12話では、欠勤したスヨンに電話をかけたサンスが、波の音をヒントに海岸にいるスヨンのもとへ駆けつける。スヨンの作った砂の城が印象的なシーンだ。

この撮影が行われたのは、東海市の湫岩《チュアム》海水浴場。

2016年に整備されたばかりの海岸沿いの遊歩道を、バッグを担いで三陟から東海まで歩いて移動した私にとっての思い出の場所でもある。バッグの重さはつらかったが、鋭く細長いロウソク岩や海岸に打ち寄せる波を見ながらの散策は楽しかった。

三陟市から東海市の湫岩海水浴場まで海岸線の遊歩道を歩いて移動できる

ハヌル（空）展望台は先端部分の床がガラス張りになっていて足がすくむ

## ◉東海駅行きのKTXを利用

近年、ソウルからのアクセスも向上した。

２０２０年3月より従来の江陵駅行きに加え、東海駅行きのＫＴＸも運行を開始した。東海にある海に面した観光スポットを訪ねようと、２０２２年10月にＫＴＸで向かった。

まず訪れたのは、海岸線ギリギリのところに祀られた「甘湫寺《カムチュサ》」という寺院。訪問した日は、悪天候かつ満ち潮だったため海岸線を歩けず。やむなく山側のアップダウンのある獣道を進み、ようやく甘湫寺に到着した。

強い風雨や荒波にも負けず、海に背を向けて立ち続ける観音菩薩像は凛々しかった。これからの地方旅の無事を祈り手を合わせた。祈りが通じたのか、この寺を参拝している間だけは雨が上がり空も明るくなってきた。

続いて、タクシーで墨湖《ムコ》という港町に移動。２０１６年に悪天候の中、この港から鬱陵島《ウルルンド》へ向かった日が懐かしい。

２０２２年6月、墨湖港のそばに「トッチェビゴルスカイバレー」という鬼をテーマにした複合アミューズメントパークが誕生した。

ここにふたつの展望台がある。

ひとつ目は「ヘラン展望台」（入場無料）。鬼の金棒の形をしたスカイウォークが海に突き出している。

訪問時は荒天のため閉鎖されていたが、海から数メートルの高さのため、そこを歩けば海と一体感を得ることができそうだ。

ふたつ目の展望台へは入場料を支払い、エレベーターで昇る。

風に傘をあおられながらも、高さ59メートルの「ハヌル（空）展望台」を歩いてみた。

眼下には広大な海が広がっているが、床がガラス張りになっている最先端には足がすくんで、どうしても進めなかった。

他にも30メートルの高さから滑り降りる「ジャイアントスライド」や地上50メートルのケーブルワイヤーの上を走行する「スカイサイクル」と、聞いただけで震えが来てしまうほどスリリングなアトラクションも用意されている。

このアミューズメントパークに隣接する村は、墨湖港へと続く壁画村になっている。かつては村人たちが、水揚げされたイカやスケトウダラを背負子《しょいこ》に入れて坂の干場まで運んでいたそうだ。

そんな昔の村の様子を描いた壁画を眺めながら、港まで階段を下っていくのも楽しい。

## ◉東海の海鮮グルメ

ヘラン展望台の近くには数軒の刺身店が並んでいる。

看板に「天然魚専門」と書かれている「忠北《チュンブク》刺身店」を見つけ、喜び勇んで入店した。

1人でも注文できるフェトッパプ（海鮮丼）をお願いしたところ、この日はヒラメともう1種類の魚が載っていた。

食堂のアジュンマに何の魚か確認してみたところ、「トクパンオ（떡방어）っていってね。日本語だと『ヒラス』っていうらしいわよ」と教えてくれた。

鮮度抜群でプリップリの魚をワサビ醤油や酢コチュジャンで楽しんでいると、パンチャンとしてヒラスの塩焼が出てきた。パリパリに焼かれた皮が香ばしく、刺身とは一味違う美味しさがあった。韓国焼酎ともベストマッチだ。

**●東海へのアクセス**

ソウル　清涼里《チョンニャンニ》駅から東海駅までKTX（韓国高速鉄道）で約2時間15分。

# 3 宝城

## 広大な茶畑もあれば ハイガイが獲れる漁港もある

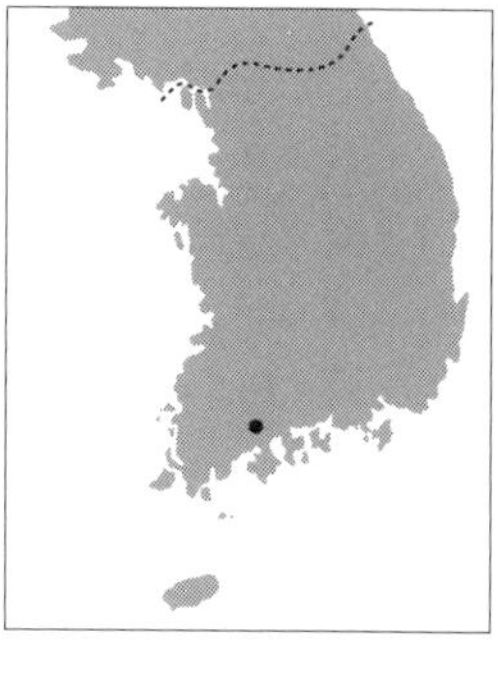

### ◉感動のロケ地訪問

「あの広大な茶畑に行ってみたい！」

そう思ったのは、ユン・ソクホ監督の四季シリーズ第3弾『夏の香り』を見たからだ。ユ・ミヌ（ソン・スンホン）とシム・ヘウォン（ソン・イェジン）という美しい2人の織り成す切ないラブストーリーに、私の胸はときめいた。

特に印象的だったのが、一面鮮やかなグリーン色の茶畑でのシーン。緑茶の産地として有名な宝城《ポソン》で撮影されたことを知り、いてもたってもいられなくなった。

韓国に無関心な友人は「なんでわざわざ韓国まで？　茶畑なら静岡にもあるじゃない」と言う。違う！　あのドラマが描かれた宝城の茶畑でなければ意味がないのだ。

宝城郡は、韓国南西部の全羅南道にある。霧が深く温暖な気候が緑茶の栽培に適しているそうだ。済州島《チェジュド》を除き内地で最大規模という150万坪もの茶畑が、郡の南西部に広がっている。

国内唯一の緑茶観光農園である「大韓茶園《テハンダウォン》」は、ヘウォンの心臓移植のドナーとなったウネの父親が営んでいるという設定で登場。

駐車場から茶畑への道を歩くだけで、すっかりヘウォンになった気分だった。

実際の茶畑は、広大というよりは急勾配で切り立った形状をしており、こちらに迫ってくるという印象を持った。

ヘウォンとミヌのすれ違いシーンでは、ヘウォンの高鳴る鼓動が印象的だった。そこに透明感のあるOSTが流れる。

そんな数々の名シーンが撮影された茶畑を訪れることができて、はるばるここまで来た甲斐があったと幸せを感じた。

## ●ご当地グルメ

大韓茶園から車で10分ほど、宝城駅のそばに郷土市場がある。「特味館」という食堂に入った。

水の代わりにテーブルに置いてあった冷たい有機栽培緑茶は、濃厚な味でとても美味しかった。

せっかくなので、宝城らしいメニューを注文した。豚ひき肉に緑茶の葉を練り込んで焼いたという緑茶トッカルビ（韓国風ハンバーグ）だ。箸でちぎってみると、トッカルビの切り口は濃い緑色をしていて食欲をそそる。

添えてある柚子茶との相性も良く、さっぱりとしてとても美味しかった。

他にもヤンニョムケジャン（ワタリガニの薬味和え）やハイガイの醤油漬けなど、海の幸が美味しい全羅南道ならではのパンチャンが並んだ。

大韓茶園の茶畑は『夏の香り』にたびたび登場した

豚ひき肉に特産品の緑茶を練り込んだ宝城ならではの緑茶トッカルビ

さすが緑茶の街。緑茶マッコリまであるのには恐れ入った。

よく冷えた緑茶マッコリを飲みながら緑茶トッカルビを頰張る。口の中に宝城の世界が広がった。

一方、宝城の南東部にある筏橋《ボルギョ》という港町は、ハイガイの産地として有名だ。目の前に広がる汝自湾《ヨジャ》の干潟には赤貝に似たハイガイが生息する。旬を迎える晩秋から春にかけて、女性たちが片足をノルベと呼ばれるスノーボード型の船に載せ、もう片足で干潟の底を蹴って移動しながらハイガイを採取していくという。

しっかりとした肉質で甘みがあるハイガイを、醬油漬け、和え物、チヂミなど様々な調理法で提供する食堂が軒を連ねる。

そのうちの1軒を訪ねると、入口付近でアジュンマが貝剝きを使いながら、大量のハイガイの身を殼から取り出していた。

さっそくハイガイ定食を注文する。テーブルにのりきらないほどの様々なハイガイ料理が並べられた。

どの料理もハイガイの旨味が生かされていたが、特に唐辛子の辛さが効いた醬油漬けが最高で顔がほころぶ。お酒のつまみにもご飯のお供にもピッタリの味付けだ。ホイル焼きにしたハイガイの香ばしさもたまらなかった。

もともと筏橋は小さな漁村だった。日本統治時代に内陸で収穫された米などを日本へ運ぶ窓口として開発された。当時日本人が住んでいた家屋が、現在でも残されている。

代表的なのが、1935年に建てられた宝城旅館。復元された建物は、旅館&カフェとして内部見学できる（有料）。

筏橋は、日本からの解放後、農地解放を巡る地主と小作人の対立を中心に朝鮮半島の現代史を描いた長編小説『太白《テベク》山脈』の舞台としても有名だ。宝城旅館は、「南道旅館」として小説にも登場しているそうだ。

旅館の1階には、作家の趙廷来《チョジョンネ》が、同小説を執筆した当時の部屋を再現したコーナーもある。

**●宝城へのアクセス**

ソウル駅から光州松汀駅までKTX（韓国高速鉄道）で約2時間。

光州総合バスターミナル（U-square）から緑茶畑まで約1時間20分、筏橋バスターミナルまで約1時間20分。

# 4 鎮海

## 軍港都市に咲く36万本の桜は圧巻！

### ◉韓国の桜の名所

「韓国の桜の名所は？」と問われたら、真っ先にお勧めしたいのが鎮海《チネ》だ。

鎮海は、韓国南東部、慶尚南道《キョンサンナムド》の昌原《チャンウォン》特例市にある軍港都市。１９１２年に日本による軍港建設と市街地造成が行われた。中園《チュンウォン》ロータリーを中心に放射線状に8本の道路が作られ、道路の両脇には2階建ての店舗付き住宅が建てられた。現在でも数多くの日本家屋が残されている。

春にはこの道路を中心に市内に植えられた約36万本もの桜が見事に咲き誇り、街がピンク色に染まる。

桜の開花時期に合わせて「鎮海軍港祭」が開催されるため、大勢の観光客が訪れてこの街が最も賑わう季節を迎える。また、祭りの期間中に限り、鎮海海軍士官学校が一般開放される。

２０１５年4月上旬、期待を胸に鎮海バスターミナルに降り立った。予想通り満開の桜が迎えてくれた。

早速バスターミナルのそばにある海軍士官学校へ向かう。徒歩では入場できず、正門近くにある

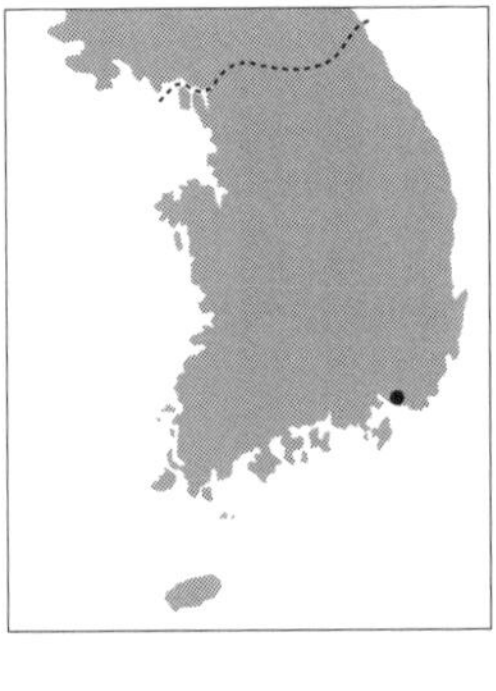

バス停から往復2千ウォンを支払い、乗り降り自由なバスに乗って敷地内を回った。

最初にバスが停車したのが、巨大な軍艦が停泊している場所。軍艦内部を見学するという貴重な体験ができるのが嬉しい。せっかくの機会なので、笑顔の可愛い海軍兵たちの写真を撮らせてもらった。

士官学校内の桜も満開で、空と海の青色と桜の淡いピンク色のコントラストが素晴らしかった。

## ◉絶品のパッピンス

昼食をとるために街の中心部へ移動する。海風の影響で開花が一足遅い士官学校の桜に比べると、中心部の桜は散り始めてはいたが、それでも十分に美しかった。

旧鎮海要港部病院長の官舎だった日本家屋を再生したコムタン屋を訪ねたが、「ご飯がなくなってしまった」と断られた。

代わりに見つけた食堂は、一般家庭の座敷でハルモニがもてなしするスタイル。そこで食べたウナギのスープは、パンチャンの品数も多く、家庭的な味で大満足だった。

また食べに行きたいと思っていたが、残念ながらいつの間にか閉店してしまったようだ。

中園ロータリーの東側にある帝皇山《チェファンサン》の山頂までモノレールで登る。山頂に建つ鎮海塔からピンク色に染まった街並みと海を一望できるのでお勧めだ。

旧鎮海駅の北側に流れる余佐川《ヨサチョン》も桜の名所として有名。

キム・ジェウォンとキム・ハヌル主演の『ロマンス』のロケ地でもあり、そこに架かる橋には

「ロマンス橋」という名前がつけられた。

ロケ地といえば、中園ロータリーに面して建つ旧鎮海郵便局の建物は、チョ・スンウ、ソン・イェジン主演の映画『ラブストーリー』に登場したロシア風の近代建築だ。

散策に疲れたら、ロータリーを西に進んだところにあるカフェでひとやすみしよう。築100年超の日本家屋を再生した「パッイヤギ」という大人気のカフェだ。

韓国産小豆を使ったパッピンス（氷小豆）とパッチュク（小豆粥）が人気。甘さ控えめなので、小豆そのものの美味しさが伝わってくる。パッピンスに杏ジャムが添えてあるのも嬉しい。

ロータリーの北側には廃駅となった旧鎮海駅がある。私が訪れた年には桜の開花期間限定で、この駅から馬山《マサン》駅までの臨時列車が運行されていた。

楽しかった鎮海での思い出を胸に鎮海駅を出発すると、ほどなくして隣の旧慶和《キョンファ》駅に差し掛かる。車窓から線路の両脇に植えられた桜並木がピンク色に染まっているのが見える。

桜のトンネルを通過しながら、しばし鎮海旅行の余韻に浸った。

### ●鎮海へのアクセス

釜山西部バスターミナル（沙上）から、鎮海市外バスターミナルまで約1時間10分。

「鎮海軍港祭」の期間に限り一般入場できる鎮海海軍士官学校の桜も美しい

帝皇山にある鎮海塔からは鎮海の街が一望できる

## 5 木浦・儒達山
# 360度見渡せる頂上からの絶景で身も心も浮き上がる

### ◉誇るべき威容

韓国に来ると緊張感が緩む。

不思議だ。

海を渡ってきているからピリピリしていてもおかしくないのに、韓国では逆に肩の力が抜ける。これが気持ちいい。

バスの運転手さんが、自分の好きな演歌を大音量でかけて鼻歌をうたっている。ソウルではなく小さな町での話だが、そういうところに韓国らしい大らかさを感じてしまう。

食堂に入ったときも、店の人がなんでも聞いてくれそうな雰囲気がある。実際、無理な注文にも応えてくれる。そんなところにゾクゾクするような快感が漂う。

そんなふうに韓国の都市を歩いていると、いつも思ったのが「町の近くにいい山が多い」ということだった。いや、言い方が逆かもしれない。風水的に言うと、良き山のそばに町ができる、と言ったほうがいい。韓国の人たちが登山を好むのも、各都市のそばに気軽に登れる山が多いからか

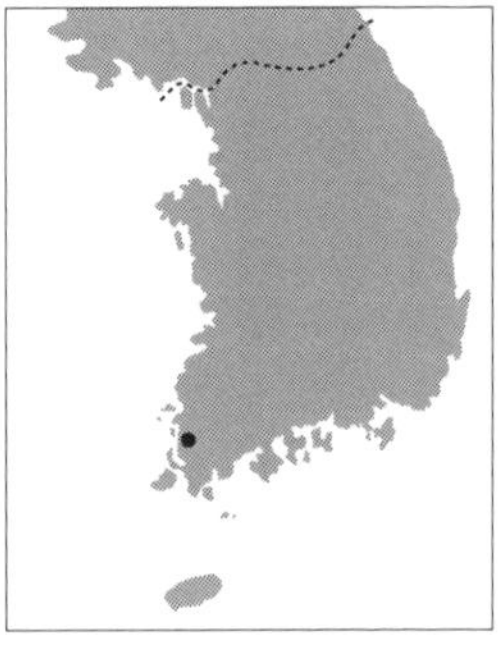

も。

それにしても、木浦《モッポ》はいいところだ。その根拠のひとつが、市内の真ん中に儒達山《ユダルサン》という228メートルの名山があることだ。空に突き出すように尖った山で、「誇るべき威容」と言える。まさに、儒達山の裾野に民家が密集しているのが木浦という都市の成り立ちに違いない。

港町というのはだいたい坂道が多いものだが、木浦も起伏に富んだ地形となっている。住民も坂道の往来で日々足腰を鍛えられるのでは……年配者には大変かもしれないが。

ぜひ、儒達山に登りたいと思った。しかも、頂上でビールを飲みたかった。しかし、冷えたビールを持参しても頂上に着いたときはぬるくなっているのは間違いない。そこで、コンビニで焼酎を買ってから登ることにした。

事前の情報によると、木浦駅から徒歩1時間以内で、儒達山の頂上まで登れるということであった。

## ◉頂上から見た景色こそが有頂天

登山口からは、舗装された階段状の道を上がって行った。

展望台がいくつかあり、眺望を楽しみながら上をめざした。本当に気分が良かったが、市街地の車の音はよく聞こえており、騒音が上に向かって響くことがよくわかった。

登山道が急傾斜になってくると、一気に足が重くなってきた。徐々に呼吸が荒くなっていったが、慎重に手すりにつかまって最後の断崖を登り終えた。

ようやく頂上に立った。たまらない感激だ。

パノラマの世界が見えている。東の方向に市街地が色とりどりの屋根を見せて連なっていて、その家々にそれぞれの人生があった。西の方向には、自然な形を誇るような島々が点在していた。

何よりも、視界をさえぎられないという快感が自分を有頂天にさせていた。そのうえで、持参した焼酎を飲んだ。気分は、自分が望んだ以上に上出来であった。

西の方向で夕日が少し傾いてきた。島々の形が霞んできてより幻想的にはなっていたが、用心しなければならなかった。頂上が数人しか立てないほど狭かったし、夕闇も徐々に迫ってきたからだ。その中で焼酎を飲んでいるのだから、意外と呑気なものだ。

それでも、酔いが回るほどに気分がとても良くなって、目の前の風景に特別な愛情が芽生えてきた。

これほど壮大な景色を堪能していて、心が動かされない人がいるだろうか。

いないいね。

いるわけがない。

時間的には、もう下山しなければならなかった。後ろ髪を引かれる、というのはまさにこのことで、名残惜しさを痛感しながら頂上を後にした。

# 6 報恩

## ナツメの里で歴史と自然を体感できる早朝トレッキング

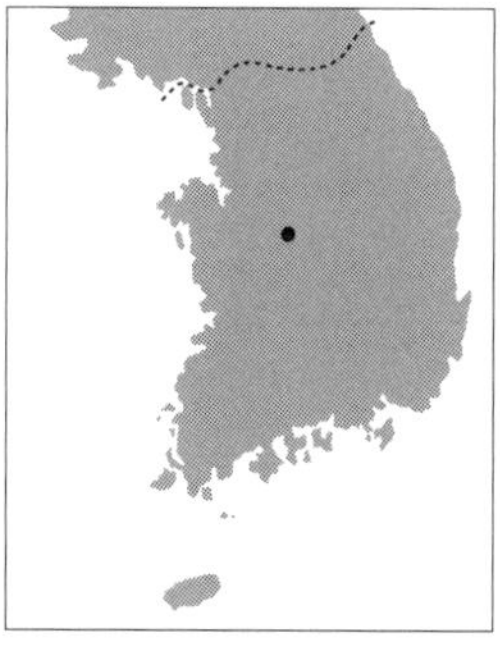

### ◉上る価値あり！の城郭

上り坂や階段が苦手にもかかわらず、韓国に出かけると、気がつけば急な坂や岩場を上っていることがある。その理由は、そうしなければ出会うことができない魅力的な風景が待っているからだ。

２０１７年６月に忠清北道《チュンチョンブクト》の報恩《ポウン》に行ったときもそうだった。

報恩市外バスターミナルから30分ほど歩いたところに「三年山城」という城郭がある。

４７０年に新羅が勢力を拡大するために百済との国境近くに造った前哨基地で、『三国史記』によれば築城に3年かかったことからこの名がついたそうだ。

１５００年以上経った今でも、周囲１６８０メートルの城郭が現存している。

早朝ならばそれほど汗をかかないかもしれないと思い、城郭に沿って造られた階段を上ってみることにした。

徐々に息が上がり苦しくなってきたが、ふと気づけば周囲から鳥のさえずりが聞こえる。リスやフクロウも姿を見せた。

眼下には田園風景が広がり、ここがかつて新羅と百済の戦場だったとは思えないほど、のどかな景色と美味しい空気を満喫することができた。

予想通り階段はかなりきつかったが、早起きして訪れる価値は十二分にある場所だ。

緑豊かな俗離山《ソンニサン》国立公園の中にある法柱寺《ポプチュサ》も必見だ。

ユネスコ世界文化遺産に登録された7つの「韓国の山地僧院（山寺）」のひとつだ。

参道でハルモニが売っていた桑の実が、みずみずしい上に甘くて最高に美味しかった。

法柱寺は3つの国宝を所有しているが、なかでも釈迦如来の生涯を8場面の絵で表現した八相図を祀っている捌相殿《パルサンジョン》という木造五層塔は見応えがある。

## ◉特産品のナツメ料理

報恩に行ったらぜひ食べてほしいのがナツメだ。

市の東部にある俗離山の麓の栽培地では、日当たりが良く昼と夜の気温差が大きいことから、糖度が高くて大きいナツメが収穫される。

バスターミナルのそばの「華城《ファソン》ガーデン」という食堂では、ナツメを使った韓定食が食べられる。

ナツメのほかに銀杏や豆を一緒に炊きこんだ石窯ごはんを筆頭に、ナツメ入りのプルコギ、生のナツメを使ったチャンアチ（漬物）もある。もちろんそれ以外のパンチャンもずらりと並んだ。

「三年山城」では鳥のさえずりが聞こえ、美しい田園風景を見渡すことができる

プルコギや石窯ご飯など、特産品のナツメを使った韓定食

干したナツメにアーモンドやツルニンジンを詰めたスイーツもあり、手が込んでいる。ナツメで作ったマッコリまであり、報恩の味を存分に楽しめる。

### ●報恩へのアクセス

ソウル高速バスターミナルから報恩市外バスターミナルまで約2時間40分。

# 7　大邱・軍威
## 自然豊かでゆっくりと時が流れる映画さながらの世界

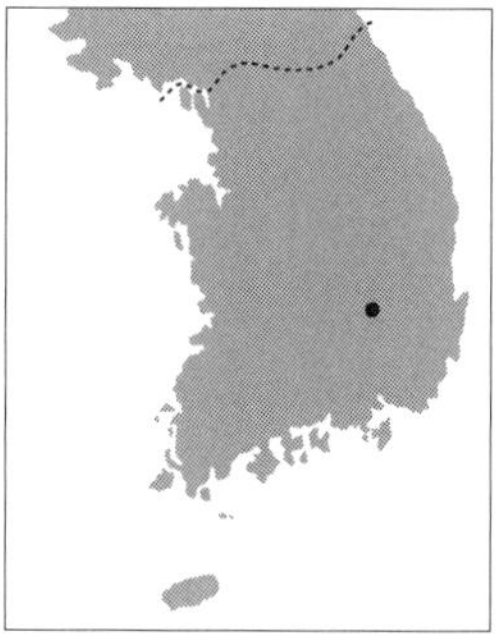

### ◉手作りのどんぐり寒天

韓国中東部にある軍威《グヌイ》郡は、南に八公山《パルコンサン》、中央には洛東江《ナクトンガン》という川が流れる自然豊かなエリア。

２０２３年7月1日に大邱広域市に編入されたばかりだ。

そんな軍威は、キム・テリ主演の映画『リトル・フォレスト〜春夏秋冬』のロケ地でもある。都会の喧騒から抜け出したヘウォン（キム・テリ）が、故郷で自給自足の生活を始めるという設定にピッタリのロケーションだ。

ヘウォンが暮らす一軒家は、「リトル・フォレスト撮影地」として現在もそのままの姿で残されており、自由に内部見学できる。

映画に一瞬ではあるが登場する「ハンバム村」を初めて訪ねたのは２０１８年9月だった。

最寄りのバス停で降りて村の入口を探していると、畑仕事をしている女性に遭遇。

「手作りのトトリムク（どんぐり寒天）があるけど、食べていかない？」と誘われた。

以前は食堂を経営していたが、現在はトトリムクや収穫した唐辛子の販売をしているという。

母親から教わった伝統的な製法で1日に3回も手作りしているというトトリムクは、これまで食べたものに比べて濃厚な味がして、とても美味しかった。一緒に出してくれた大根の葉のキムチも絶品で、「ごはんが食べたくなる味」と言ったら、ご飯まで出してくれた。

心に染みるもてなしに礼をいい、いよいよハンバム村の散策を開始。

## ◉内陸の済州島

ハンバム村は1390年に缶林洪《プリムホン》氏の洪鸞《ホンラン》が移住し形成された同族村で、現在でも約500名が住んでいるという。

全長約1600メートルの低い石垣の道が続くことから「内陸の済州島《チェジュド》」と呼ばれている。石垣に這うツタの葉が、春から夏には鮮やかな緑色に、秋には赤く染まる。行き交う人もまばらな石垣道を歩いているだけで幸せな気持ちになれる。

そんな村の一角にマッコリ醸造場がある。軍威出身の夫婦が、軍威の特産品を広く知ってもらうために2年間かけて開発したという韓国初のキクイモのマッコリだ。

ハンバム村のすぐ脇にある雑貨店で購入し、早速飲んでみた。八公山の湧水とオリゴ糖を使ったすっきりとした味わいの美味しいマッコリだった。

ここで次の目的地までタクシーに乗ろうとタクシーアプリで呼び出ししたのだが、「呼び出せるタクシーがありません」の表示。地方では「あるある」である。

雑貨店の店主に教えてもらったタクシー会社に電話をかけ、事なきを得た。

低い石垣の道が続くハンバム村は「内陸の済州島」と呼ばれている

日本式駅舎の花本駅の線路脇には、かつての蒸気機関車用の給水塔も残されている

タクシーを待つ間、リンゴの納品に来た青年にスーパーの店主が、「この人、日本人なんだけど、1人で旅してるのよ」と伝えたところ、青年はつやつやなリンゴをひとつプレゼントしてくれた。思いがけないプレゼントに感謝しつつ翌朝食べてみたところ、甘くてみずみずしくとても美味しかった。

到着したタクシーで向かったのは、1938年に開業した花本《ファボン》駅。三角にとがった切妻屋根が特徴の日本式駅舎だ。

ホームの脇には、かつて蒸気機関車が走っていた時に使用していた給水塔が残されている。この駅舎と給水塔も『リトル・フォレスト～春夏秋冬』に登場する。

この駅から徒歩3分の場所に中学校をリモデルした「ママ、パパの幼い頃に（엄마아빠 어렸을 적에）」という博物館がある。1960～70年代の教室、理髪店、写真館などが再現されていてノスタルジーを感じることができる空間だ。

**●ハンバム村へのアクセス**

大邱都市鉄道3号線・八莒《パルゴ》駅1番出口そばの八莒2バス停から急行9バスに乗車、約35分の大栗《テユル》1里バス停下車。

# 8 酒場巡り

## 屋台の賑わいには「この世の春」を思わせるほどの高揚感がある

### ◉広蔵市場の屋台村

ソウルで大きな市場にくっついている屋台村を回っていると、目と耳と鼻でアジア的な雑然とした賑わいを体感できた。今振り返っても、人生でゾクゾクするような自分なりの魔界だったかもしれない。

飲んでいて嫌なことがあったとしても、何ひとつ思い出せない。楽しかった記憶だけが山のように残っているし、そのひとつひとつを思い出してみると、自然と笑いがこみ上げてくる。

そういえば、韓国に留学中の日本人女性とソウルでじっくり話をしたときに、こんなことを言っていた。

「韓国に来て最初は嫌なことがあったけれど、あんなに好きで憧れてきた国だから、必ずいいことがあると思って過ごしてきました。そうしたら、さらに韓国が好きになりましたね」

その気持ちはよくわかる。韓国が好きになる段階がどんどん高まっていく、という感覚。それを感じれば、ますます韓国の深みにはまっていく。

屋台で出会う人たちがそうだ。無形文化財みたいな人がたくさん自分に迫ってくる。そして、人生をもっと楽しくさせてくれる。

そんな人が特に多いのが広蔵《クァンジャン》市場の屋台村だ。その賑わいは「この世の春」といつも思うほど高揚感があり、ズラリと並んだ屋台を見回しながら「今日はここ！」と決めるときは最高にワクワクする。

たとえば、唐突にラッパを吹き始める人がいて余興としてはこの上ない盛り上がりになる。あるいは、隣り合った人と意気投合して「ウチに来てさらに飲もう」と何度も誘われてしまう。そのたびに断ることにしているが、韓国の酒飲みは初めて会った人でも家に呼ぶのが好き。そんなときは無理をしないで近場で二次会をすることにしていた。とんでもない酒盛りが待っていることが多かったが……。

## ◉たまらない幸福感

広蔵市場の賑わいにはかなわないが、南大門《ナンデムン》市場の屋台でもよく飲んだ。

忘れられない店主がいた。30代後半の男性でなかなかのイケメンだった。飲み屋の屋台を経営しているから女性にモテるのではないかと思っていたら、反応は逆だった。そばで見ているだけで「勘定をボリすぎだ」と立て続けに客から文句を言われていた。

必死に弁解ばかりしていた彼は、怒った客が帰った後、こちらのテーブルに来てぼやいた。

「見たでしょ、あんな客ばっかりですよ。こんな商売、やめたくなりますよ。ここはね、最初アボジがポンテギ（蚕のさなぎ）を売って苦労して息子たちを育ててくれたんです。僕が引き継いで今は明け方の3時まで店を続けていますが、ホント、疲れますよ」

そんな彼を「いろいろな客がいるから」となぐさめた。

いよいよ、こちらの会計になった。固唾をのんで彼の声を待つと、なんと予想より2倍くらいの会計を言ってきた。呆気に取られたが、同時に、店主のしたたかさに感心した。こちらが何度も勘定でもめる他の客を見ていたはずなのに、それにも構わず、彼は取れるところからしっかり取ろうとしていた。ぶれない商売哲学が彼にはあるのだ。そういう店主とのやりとりを楽しむのも屋台の醍醐味のひとつだ。

さらには、東大門《トンデムン》市場の屋台にもよく通った。声がハスキーだったアジュンマのことをよく覚えている。コチュジャンをたっぷり入れた砂肝の炒め物が絶品だった。

他にも、カウンターの上にモツ、イカ、ウナギ、名前のわからない貝類がたくさん並べられていて、次々に炒めてもらうと箸が止まらなくなる。

「この前、日本の相撲取りがやってきて、食材を食べつくして行ったよ。アンタはその次くらいに食べるね。嬉しいよ」

こういう口上を聞きながら屋台で飲み食いするのは、たまらない幸福感をもたらす。それゆえ、屋台巡りがやめられないのだ。

## ◉原州の夜が忘れられない

地方の酒場でも思い出話が尽きない。

江原道《カンウォンド》（当時）の原州《ウォンジュ》市に行ったとき、川を覆う橋げたの上に小さな屋台風の店が並んでいる一角があった。何度も往来して店定めをして、ここぞというところに入ってみた。

8人程度が座れるカウンターだけの酒場で「営業スマイルのコンテストがあれば1等間違いない」というアジュンマが大歓迎してくれた。見れば他の客が1人しかいなかったので、3人連れのこちらは上客に見えたはずだ。

料理の旨さ、アジュンマのトーク、推薦された地酒の味わい……まったく申し分のない夜だった。日本から来た仕事仲間2人も大いに満足してくれた。

とりわけ、アジュンマの地元自慢の口上は、かぎりなく郷土愛が感じられて酒のアンジュ（つまみ）としても極上だった。

名残惜しい時間となった。会計の金額を聞くときの高揚感がたまらない。頭の中で、「キリがいい10万ウォン」を予測した。アジュンマに「今日の客は本当に上客だった」と思ってもらえる金額だった。結果、彼女の滑らかな口元からも「10万ウォン！」という声が響いた。

まさにドンピシャリ。アジュンマの思惑を読み切った予測に我ながら納得できた。

あの店は今どうなっているのか。

心の中では、もうあるわけがない、と決めつけている。

市場でキムチなどを見て回るのも楽しい

屋台が並んでいる光景を見るとワクワクする

それでいい。店があろうとなかろうと、私の中で「原州の夜」は思い出すだけで気持ちよく酔える追憶なのである。

今度、再び韓国の酒場を巡るとしたら、ドラマ『マイ・ディア・ミスター〜私のおじさん〜』に出てくる「ジョンヒの店」に行ってみたい。オ・ナラが演じたジョンヒが経営していた酒場だ。集まる客の人生模様、ママのキャラクター、居心地の良さ……この店は最高級の臨場感を持っていた。

確かに、ドラマに出てきた架空の店ではあったが、韓国には至るところに「ジョンヒの店」があるに違いない。

そこで酒を飲みながら人々のぬくもりを感じていたい。

そんな夢をいつも心に持っている。

## COLUMN ノムチョアヨ！ 韓ドラ旅〈3〉
# 韓国ひとめぼれベスト選〈酒場&マッコリ編〉

### ●いつか飲んでみたい「夢のマッコリ」

かつて全州韓屋村の近くに「貴人集宙《クィンチプチュ》」という酒場があった。味にこだわりを持つサジャンニム（店主）が、伝統製法で造る酒と化学調味料を使わないつまみを提供する「オトナの酒場」だ。

美味しいマッコリとつまみを楽しみに、全州に行くたびに足を運んでいた。

ある日サジャンニムから誘われ、韓国で２番目に高い智異山《チリサン》までドライブに出かけた。

まず向かったのが、山の麓にあるペムサゴル渓谷沿いの食堂。店の人が自ら智異山で採ってきたという山菜料理が20種類以上テーブルの上に並べられた。

醤油ベースの漬け汁に１～２年漬け込むというオタカラコウの葉や春に塩漬けにした筍など、自然の息吹を感じることができる山菜定食はとても美味しかった。

食後は、サジャンニムが一番好きだという新羅時代に建てられた実相寺《シルサンサ》へ。「人間のように温かみがある表情が魅力的だ」という鉄製如来座像に手を合わせた。実は私もこの寺の薬師殿の扉に彫られたむくげの花紋が大好きなので、心が躍った。

さらに智異山へ来ると必ず立ち寄るという場所へ案内された。小高い丘の上に立つ１本のクヌギの大木。どっしりと構えている大木を眺めながら、「友達みたいな感じがするんですよね」とサジャンニムがつぶやいた。

全州韓屋村は、近年年間１千万人以上の観光客が訪れるほど大人気となり、地代や家賃が高騰した。そのあおりを受けて「貴人集宙」は2016年秋に門を閉じた。

数年前にサジャンニムから連絡があった。自身の夢を叶え、江原道（当時）に醸造場を構え無添加・伝統製法のマッコリを製造しているという。そのマッコリの名前は「貴人集宙」。

いつかどこかの酒場で「貴人集宙」に出会える日が楽しみだ。

# あとがきにかえて――小暮真琴＋康 熙奉「韓国ひとめぼれ」対談

## ◎――初めての韓国体験

**康**　韓国にハマったきっかけは？

**小暮**　２００４年5月に偶然『冬のソナタ』（以下『冬ソナ』）を目にしたことですね。もともと日本のドラマが大好きだったのに、ちょうどその頃は日本のドラマへの関心が薄れていたんです。そんなときにたまたま見た『冬ソナ』のベタなストーリー（笑）が、かえって新鮮に思えました。

**康**　私はスポーツライターとして野球やサッカーの本を書いていたのですが、１９９９年に初めて韓国の旅行書を書いて、いよいよ韓国にマジで付き合うことになりました。それから韓国の徴兵制の本を書いたりしましたが、２００３年に『冬ソナ』を見て人生が激変！　もう寝ても覚めても『冬ソナ』一色（笑）。その年の秋に『冬ソナ』のロケ地をすべて取材して本を書き、それからは韓国ドラマのムックの編集長をしながら韓国全土を回りました。

**小暮**　やはり『冬ソナ』の影響力は絶大ですね。私も『冬ソナ』をきっかけに、手あたり次第に韓国ドラマを見まくりました！　そんな中で『遠い路』という長編ドラマに巡り逢い、主演男優の演技に魅せられて彼のファンになりました。２００６年7月に彼が出演するドラマのロケ地を巡るツアーに友人と参加し、ソウルを訪問したのが初めての韓国旅でした。

**康** 最初の印象はどうでしたか。

**小暮** それまで欧米へ行けば当たり前に「外国」であることをヒシヒシと感じましたが、初めての韓国はまるで違いました。車が右側通行であることと記号にしか見えないハングルを除くと、異国に来たとは思えないほど、何の違和感もなく韓国にすっかり溶け込んでいる自分に我ながら驚きました。

**康** よっぽど韓国の水が合ったんでしょうね。

**小暮** ドラマで見ていた世界が目の前に広がっていることに感動を覚えましたね。その旅の間に再訪を決意したほど、初めての韓国はインパクトが強烈でした。

**康** それから12年かけて韓国の全部の自治体を踏破したんでしょ？ そんなに韓国に夢中になる気持ちがわかりますね。私も初めて韓国に行って以来、好きな鉄道を全部まわりましたから。当時は広い食堂車があったから、いつもビールを飲みながら車窓からの風景を楽しんでいました。気が付いたらテーブルはビールの空き瓶だらけ（笑）。それでも、さらに食堂車で「メッチュ、チュセヨ（맥주 주세요＝ビールください）」と叫んでいました（笑）。

**小暮** 鉄道旅、いいですね！ そのビールの味は格別だったでしょうね（笑）。

**康** 結局、韓国へは何回くらい行ったの？

**小暮** ２００回以上は行っていますね。

**康** ワンダフル！ ２００回以上は凄い。その中で最も印象に残った旅は？

**小暮** ２０１６年7月に訪問した鬱陵島《ウルルンド》です。悪天候のために船が大きく揺れて、１ミリも身体を動かすことができない時間が続きました。何度となく「死ぬかも？」という思いが頭をよぎりましたが、3時間半後に無事に島に到着した時の安堵感がたまらなかったです。その後に満喫した「自然に満ち溢れた島の魅力」も忘れられません。

## ◎——1人ご飯を成功させる秘訣

**康**　お互いに何度も足を運んでしまうほど韓国に魅了されていますが、韓国の一番の魅力は何だと思いますか？

**小暮**　なんといっても情の深さ。困っている旅行者を見たら放っておけない人が多いですね。悪く言えばお節介（笑）。旅先で不安になったときに差し伸べてくれる手に、これまで何度助けられてきたことか。

**康**　韓国では情が浅いと生きていけないでしょ（笑）。

**小暮**　バイタリティも素晴らしいですね。朝鮮戦争を経て急速な経済成長を遂げた国だけあって、日本人にはないパワーを感じます。食事の量が驚くほど多いのも、バイタリティの源なのではないでしょうか。

**康**　韓国の食事はみんな「大盛り」ですよね。さらに欲しければ、いくらでもパンチャン（おかず）のお代わりができるし（笑）。

**小暮**　でも、韓国の食堂では「2人前以上」でないと注文できないメニューが結構多いんですよ。代表的なものでは、たくさんのパンチャンが並ぶ定食、鍋料理、サムギョプサル、ホルモン焼きなど……食べたいものばかりです（笑）。

**康**　私は1人でも2人前を頼んでいました。プデチゲを2人前頼んでもアッという間に食べきれましたね。韓国ではいつも食欲をメチャクチャ刺激される（笑）。

**小暮**　私も食べたいものは躊躇なく2人前注文します。でも、最近では食品ロスを嫌って断られるケースも多いんです。

**康**　そんなときはどうするんですか。

**小暮**　まずは、食堂が混雑する時間帯を避けることですね。ランチタイム（12時〜13時）や退社時間直後（18時〜19時）といった食堂が混み合う時間を避け、開店直後や閉店間際など空いている時間帯を狙います。

**康**　それは大事なことですね。他に心掛けることは？

**小暮**　日本から来たことをアピールするんです。「この料理を食べたくて日本から来ました」と言うと、食堂のアジュンマの頬も緩みます。韓国人の情の深さにとことん訴える作戦です（笑）。

**康**　そういうアピールは大事ですね。サービスが絶対に良くなりますよ。

**小暮**　自分の料理を海外からわざわざ食べに来てくれたことを歓迎しない人はいませんからね。ときには「この人、うちの料理が食べたくて、わざわざ日本から1人で来たのよ」と、周りの常連客に紹介しまくることさえあります。いずれにせよ、こちらが1人でも食堂側の好意で対応してくれることなので、十分に感謝の気持ちを伝えることが大切ですね。

**康**　韓国全土でいろいろなグルメを堪能してきたと思いますが、印象に残っている味は？

**小暮**　特産品や旬を意識して、できるだけその土地ならではのグルメを楽しむようにしています。まずは全羅北道の高敞《コチャン》の風川《プンチョン》ウナギ。汽水で育った高敞のウナギを「風川ウナギ」と呼ぶんですが、天然塩を振ったウナギを店主自らカットしながら、すべての面を美味しくなるまで炭火で焼き上げてくれます。表面がパリッと中がふわっとして最高の味わいでした。高敞ではウナギと一緒に覆盆子《ポップンジャ》（トックリイチゴ）の酒を合わせるのですが、この店では自家製の覆盆子酒を用意していて、ウナギとの相性もバッチリです。

**康**　覆盆子は私も大好きです。ビールや焼酎をさんざん飲んだ後に覆盆子に移るので、間違いなく二日酔いになりますが……（笑）。

**小暮**　真冬に慶尚南道の巨済《コジェ》まで出かけて食べたマダラの刺身も最高でした。マダラが水揚げされる外浦《ウエポ》という港まで大邱から3回もバスを乗り換え、約3時間かけて訪問したんです。もちもちとした弾力のある刺身のほかにタラコの煮つけ、卵に浸けて焼いたマダラのピカタ、白子とタラコ入り鍋を含むマダラのコースを食べましたが、冷凍物とはまったく違う生のマダラだからこその最高の味でした。

**康**　私が思い出す極上の料理は、済州島《チェジュド》のチョンボッチュ（アワビのお粥）とヘムルトゥッペギ（魚介類を煮込んだ辛いスープ）の組み合わせですね。二日酔いの朝に最高で、このふたつをセットで味わいたいために、前夜にわざと酒を飲みすぎるようにしていました（笑）。

◎――隠れた名所はどこ？

**康**　韓国の全自治体をまわってみて、「ここは間違いなく隠れた名所！」と思ったところはどこですか。

**小暮**　一番感心したのは符仁寺《プニサ》ですね。大邱《テグ》の桐華寺《トンファサ》の末寺で、善徳《ソンドク》女王の冥福を祈るために建てられたそうです。公共交通機関がなくタクシーでなければ行けませんが、参拝客が少なくて静かに過ごすことができました。

**康**　善徳女王にゆかりがある寺なのに、参拝客が少ないというのは意外ですね。歴史書で善徳女王を読むと、神がかり的に霊感が強かったとか。符仁寺もパワースポットになりそうですね。

**小暮**　おっしゃるとおりですね。春の穴場としてお勧めなのが、全州《チョンジュ》にある完山《ワンサン》公園です。現在は市が所有していますが、もともとはある男性が所有地に1500本もの木々を植樹して、40年間手塩にかけて育てたそうです。4月の中旬から下旬にかけて、濃いピンク色の桜と真っ赤なツツジが咲き乱れると、まるで花のトンネルや雲海のように広がり、その光景に本当に癒やされます。全州市民の憩いの場ですが、外国人観光客には馴染みが薄いかも。

**康**　私が勧める「隠れた名所」は、済州《チェジュド》島の法還洞《ポッパンドン》です。今は西帰浦《ソギポ》市の市役所も移ってきました。実は父の故郷なんですよ。済州島でも一番気候が温暖なところで、今でもいとこがミカン畑をやっています。とにかく風光明媚で、済州島でも「嫁に出すなら法還洞！」と言われるくらいです。『宮廷女官チャングムの誓い』でもロケ地になっています。

小暮　ドラマ『マイガール』や『空港に行く道』で済州島のミカン畑が出てきますが、たわわに実るミカンを目の当たりにできるんですね。

康　そうなんですよ。ところで、韓国の自治体は合計して162あるそうですが、一番好きな都市はどこなんですか？

小暮　なんといっても大邱《テグ》です。到着すると、まるで故郷に帰ってきたかのようにホッとできる街です。大都市にもかかわらず、1本細い路地に入ると、シレギ（大根の葉）が干してあったり、埃っぽいにおいがしたりと、ノスタルジーを感じられる裏路地がたくさん残されています。

康　歩いていて懐かしさがこみ上げてくる路地はいいですよね。

小暮　特に香村洞《ヒャンチョンドン》というエリアが気に入っています。高齢者が多いので、安くて美味しい食事やつまみを出す食堂がたくさんあります。練炭で焼いた肉を出してくれる食堂へ入ったところ、日本のアニメがきっかけで日本語を独学で勉強しているという青年とその先輩が、お勧めメニューを教えてくれました。その後、大邱の友人も合流して意気投合。楽しく一緒にお酒を飲んだのですが、先輩が気前よく私たちの分までご馳走してくれました。そんな人情たっぷりな食堂が、地下鉄駅から徒歩5分の場所にあるというのが心強いです。

康　私は全羅道《チョルラド》が大好きです。なんといっても、朝鮮半島随一の穀倉地帯なので食事がメチャ美味しいです。間違いなく「美食の都」。それから、人々がゆったりしていて人情味もあります。本当にいいところです。

小暮　私も最初に心に響いた地方が全羅北道の全州なので、全羅道に惹かれるのはよくわかります。

**康**　いろいろな地方で美しい景色を見てきたでしょうが、もう一度見てみたい絶景は？

**小暮**　コロナ禍で韓国に行けなかった2年と7か月の間、木浦《モッポ》にある海上ケーブルカーに乗ることをずっと夢見ていました。それほど思い入れが深いんです（笑）。何度もユーチューブで見ていましたが、実際に乗車したら広い空と青い海に包まれているような感じがして、想像以上の感動がありました。もうひとつは、全州韓屋村の屋根に積もった雪景色です。２０１２年の12月に、前の晩に積もった雪の綿帽子を被った全州韓屋村を高台から眺めたときには本当に感動しました。白い雪と黒色の韓屋の屋根、そして抜けるように晴れた青空のコントラストが忘れられません。

**康**　なるほど。話を聞いているだけで行きたくなりますね。私が思い出す絶景は、みんな頂上から見た風景です。木浦の儒達山《ユダルサン》、済州島の城山日出峰《ソンサンイルチュルボン》、龍平《ヨンピョン》スキー場の最高地点……そんな頂上から見た絶景が最高でしたね。

## ◎——インパクトが強いアジュンマ

**康**　韓国には素敵な観光地が多いけれど、それでも「人間が一番の観光資源」とよく思います。市場や繁華街を歩いていると、面白い人が本当に多いですよね。

**小暮**　大ファンである紀行作家の鄭銀淑《チョンウンスク》さんが自著で紹介していた、忠清南道の江景《カンギョン》の「ソチャンチプ」という酒場を訪ねたんですが、その店の女将は、上下ジャージ姿で本当に強烈な個性でした。くるくるパーマをかけた強面なので最初はひるんでいましたが、実は心優しい人。手造りのドンドン酒とつまみの味が忘れられないですね。途中でストーブの上でお餅を揚げてくれたりして……。いい思い出になりました。

**康**　「インパクトが強いアジュンマ」シリーズでいえば、地方の旅館に行くと、名人級のアジュンマがよく仕切っています。普段は帳場でテレビを見たり座敷で横になったりしてダラダラしているんですが、用事をお願いすると、急に別人のようになって布団の出し入れからオンドルの調整まで面倒を見てくれます。韓国の地方の女性は本当に働き者ですよね。

**小暮**　写真のアングルに厳しい食堂のアジュンマも印象に残っています。それは、ソウルの仁峴《イニョン》市場にある食堂を手伝っていた女将の妹なんですが、私が女将とその息子の写真を撮るとき、「看板も一緒に入れたほうがいい」「メニューも写さなくちゃダメ」とやたらと指示が多かったんです。夫がカメラマンだから、アングルにうるさいそうですよ（笑）。

**康**　食堂でパンチャンのお代わりを頼んだりすると、「誰が食べるの？」とこちらが委縮するほど山盛りを持ってくるアジュンマがいますね。お代わりに対する条件反射が強烈で、お客はみんな大食いだと思っているんですよ（笑）。

## ◎──韓国で宿を見つける方法

**康**　それだけたくさん韓国へ行っていると宿代もかさむと思うんですが、宿選びのポイントは？

**小暮**　韓国では地方への移動が多いので、利便性を考えて、ソウルではソウル駅のそば、地方ではバスターミナルのそばにある宿を選んでいます。ソウルの宿は予約サイトで事前予約することが多いんですが、地方の場合は、あらかじめNAVERマップでバスターミナルのそばのモーテル数軒に目星を付けておき、当日飛び込みで料金を確認してから決めています。

**康** 私はソウルでも地方でも旅館ばかりです。特に予約をせずに「行き当たりばったり」でしたが、「○○荘旅館」のように「荘《ジャン》」の字が入った旅館に泊まるというのが原則でした。そうやって決めておくと、一定のレベルの旅館を確保できるんですよ。

**小暮** なるほど。一定レベルって大切ですよね。飛び込みでモーテルを決めるとき、場合によっては室内を見せてもらってから決めることもあります。交渉次第で5千ウォンくらい値引きしてくれるので助かります。

**康** 地方の宿はどのくらいの料金ですか？

**小暮** ブティックホテルといわれる清潔で新しいタイプのモーテルはかなり高いですが、昔ながらのモーテルで衛生面ギリギリ（笑）なら、平日4～5万ウォン、週末5～7万ウォンくらいでしょうか。駅のそばにあるのにもかかわらず大田《テジョン》では3万ウォン、大邱では3万5千ウォンと格安のモーテルもあります。

**康** 韓国の旅館は、1泊5万ウォンだとしても、1人ではなく1部屋の料金なので2人で泊っても同じ料金ですね。私は仲間と4人で泊ったことがあり、そのときも宿のアジュンマが追加の布団を出してくれました。あれは助かりましたね。

**小暮** コロナ禍明けの旅でソウルの宿を予約するのが遅くなり、ソウル駅のそばの定宿が満室だったんです。そこで市庁駅のそばの1泊3万ウォン足らずの宿を予約しました。案内された部屋を見てびっくり。ベッド幅が掛け布団の半分しかない（笑）。考試院《コシウォン》（学生や受験生が安い家賃で勉強するための部屋）スタイルのコシテル（考試院＋ホテル）だったのですが、テレビ、エアコン、シャワー、トイレも完備されているので、安上がりに泊まりたい人にはお勧めかもしれませんね。

## ◎——韓国での夢

**康**　これから韓国でやってみたいことはありますか？

**小暮**　以前、江原道の食堂の店主からの誘いで、食の専門家たちのツアーに招待されたことがあるんです。紅葉の季節に森の中にテーブルを並べ、旬の山菜を中心としたお弁当を食べながら、その地で作られたマッコリを飲み自然を満喫するという体験をしました。食事中にプラタナスやクヌギの葉がテーブルに落ちてきて、食卓のアクセントになるという素敵な時間でした。そういう韓国の自然を体感できる時間を持ちたいですね。

**康**　いいですねえ。韓国の人は季節感を大事にするから、そういう世界観にどっぷりつかってみたいですね。私はもう一度、古都をゆっくり回ってみたい。扶余《プヨ》の風景に触れていると、古代史への想像力をかきたてられるんですよ。そこには、扶余から奈良の飛鳥に至る古代人の歩みがあったはずであり、そうした古代史のロマンを韓国でたっぷり感じてみたいと強く思っています。

**小暮**　お互いに夢がありますね。これからも韓国で楽しみにたくさん出会えそうです。

**康**　韓国のどこかで偶然会えたら嬉しいですね。

**小暮**　そのときは韓国の旅を大いに語りましょう。

＊本書は書き下ろし原稿、及び「韓国TVドラマガイドONLINE」(futabanet.jp/kankoku-tvguide)掲載記事をもとに加筆修正した項目を加えて、構成したものです。

本文の執筆者・写真撮影者は以下の通りです〈数字は各項目タイトル・コラム番号〉。

小暮真琴／第1章〈1、2、4、5、7、8〉第2章〈1、2、3、4、6、7〉第3章〈1、3、4、7、8〉第4章〈1、2、4、5、6、7、9〉第5章〈4、6、8、9〉 第6章〈2、3、4、6、7〉コラム〈1、3〉

康熙奉／第1章〈3、6〉第2章〈5、8〉第3章〈2、5、6、9〉第4章〈3、8〉第5章〈1、2、3、5、7、10〉第6章〈1、5、8〉コラム〈2〉(P91上、P187下、P265上の写真3点のみ、撮影者は井上孝)

カバー写真の撮影者は、表の円形左上は康熙奉、表の円形左下は井上孝、それ以外はすべて小暮真琴。口絵写真の撮影者は口絵ページに記しています。

＊本書に掲載している現地の情報、店や価格などのデータは著者取材時点のものです。2023年6月末時点での通貨換算は、1W(ウォン) ＝約0.11円、100W(ウォン)＝約11円です。

＊編集スタッフ
装丁――山田英春
図版――小堺賢吾
校正――谷田和夫
編集――竹原晶子［双葉社］

Profile

## 小暮真琴 Kogure Makoto

韓国地方旅プランナーとして韓国地方旅講座の講師や地方旅ツアーの企画を行う。2018年に韓国の全自治体162市郡を踏破。駐横浜大韓民国総領事館オンライン・パートナー。2013年から全羅北道国際交流諮問官委嘱。2015年に大邱市長賞受賞。2019年に韓国観光協会中央会から褒章受章。ブログ「全州にひとめぼれ！大邱が恋しくて！」やSNSを通じ、韓国地方の魅力を発信している。音声配信stand.fm「韓LOVEステーション」パーソナリティ。

## 康 熙奉 Kang Hibong

1954年東京・向島で生まれる。韓国の歴史・文化・韓流や日韓関係を描いた著作が多い。主な著書は『韓国ふるさと街道をゆく』『済州島』『冬の恋歌を探して韓国紀行』『韓国のそこに行きたい』『悪女たちの朝鮮王朝』『韓流スターと兵役』『宿命の日韓二千年史』『新版　知れば知るほど面白い　朝鮮王朝の歴史と人物』『韓国ドラマ＆K-POPがもっと楽しくなる！かんたん韓国語読本』『韓国ドラマで楽しくおぼえる！役立つ韓国語読本』『韓国ドラマ！推しが見つかる究極100本』など。

# 韓国《かんこく》ひとめぼれ感動旅《かんどうたび》
# 韓流《はんりゅう》ロケ地《ち》＆ご当地《とうち》グルメ紀行《きこう》

2023年7月29日　第1刷発行

著　者——小暮真琴《こぐれまこと》　康 熙奉《かんひぼん》

発行者——島野浩二

発行所——株式会社双葉社

〒162-8540 東京都新宿区東五軒町3番28号

〔電話〕03-5261-4818（営業）03-5261-4869（編集）

http://www.futabasha.co.jp/（双葉社の書籍・コミック・ムックが買えます）

印刷所・製本所——中央精版印刷株式会社

落丁・乱丁の場合は送料双葉社負担にてお取り替えいたします。「製作部」宛にお送りください。ただし、古書店で購入したものについてはお取り替えできません。

〔電話〕03-5261-4822（製作部）

定価はカバーに表示してあります。

　ISBN978-4-575-31811-1 C0076